HÖCHSTE ZEIT
FÜR HEITERKEIT

Peter Meissner

HÖCHSTE ZEIT FÜR HEITERKEIT

77 vergnügliche Geschichten aus dem täglichen Leben

KRAL
VERLAG

INHALT

ZUR ENTSTEHUNG (M)EINES BUCHES

So ein Buch schreibt sich nicht von alleine. Da muss man schon hart dranbleiben, wenn man es zum versprochenen Termin fertig haben will. Am schwierigsten ist es aber, überhaupt einmal mit dem Schreiben anzufangen. Das schiebt der Autor meistens vor sich her, was wohl damit zu tun hat, dass ihm nichts einfällt. Also räumt er erst einmal den Schreibtisch auf und sortiert die Regale mit den CDs. Seiner Umgebung teilt er mit, dass er jetzt für nichts und niemanden Zeit hätte, weil er ja so intensiv am Dichten wäre.

Bald wundern sich alle, weil der Autor so fleißig den Rasen mäht, das Auto putzt und den Gartenzaun streicht. Aber bitte, vielleicht denkt er ja beim Arbeiten über seine Geschichten nach. Das tut er wirklich, allerdings erfolglos.

Täglich nimmt er sich vor, morgen mit dem Schreiben zu beginnen, aber sobald er vor dem Computer sitzt, fallen ihm tausend Dinge ein, die man dringender erledigen müsste. Die Bücherwand abstauben, den Gummibaum umtopfen, Fenster putzen und … den Rasen mähen (der ist ja schon wieder um zwei Millimeter gewachsen).

Die Zeit drängt, aber da gehören unbedingt auch noch die Kugelschreiber der Farbe nach sortiert, die Fotos an der Wand gerade gerichtet und die Computertastatur gereinigt. Ein Notizzettel wird kopiert und weggeschmissen, ein Fliegenschiss vom Bildschirm gekletzelt und dann … dann schreibt der Autor endlich seinen ersten Satz. Die Blockade ist überwunden, und er bringt seine Einfälle schwallartig zu Papier.

In der Nacht vor dem letztmöglichen Abgabetermin ist er fertig. Völlig erschöpft lehnt er sich zurück und murmelt: „Na bitte! Am besten schreibe ich halt immer, wenn ich unter Termindruck bin ...“

Er macht sich was vor. Denn er wäre bestimmt noch besser gewesen, wenn er genug Zeit gehabt hätte. Aber so wird wenigstens einmal im Jahr das Auto geputzt und der Gummibaum umgetopft.

Worüber soll man schreiben? Natürlich über aktuelle Themen, die möglichst viele Menschen betreffen. Und dazu gehört zum Beispiel die heute so propagierte …

SHARING ECONOMY

„Was soll das sein?"

„Die Zukunft! So wie bisher kann's nicht weitergehn!"

„Was?"

„Alles! Wir werden uns das Leben in der bisherigen Form nicht mehr leisten können. Wir müssen lernen zu teilen!"

„Wie stellst du dir das vor?"

„Also, es ist zum Beispiel unsinnig, sich ein eigenes Auto zu kaufen. Wenn du einmal unbedingt eines brauchst, gehst du ins Internet, schaust wo das nächste freie Sharing-Fahrzeug steht, erledigst deinen Weg und stellst es einfach wieder irgendwo ab."

„Super …"

„Und wenn du dann dort, wo du nun bist, eine Zeit lang wohnen willst, gehst du wieder ins Internet und schaust, wo du in der Nähe ein Zimmer bekommst."

„Im Hotel?"

„Natürlich nicht! Es geht um Sharing, also teilen. Es gibt genügend Leute, die dir ihre private Wohnung gerne überlassen, während sie nicht zu Hause sind!"

„Wo sind denn die dann?"

„Wiederum in der Wohnung von einem anderen, der gerade nicht zu Hause ist. Couchsurfing nennt man das."

„Das ist aber fad, wenn ich immer da bin, wo gerade niemand ist!"

„Du kannst dir ja eine Partnerin suchen!"

„Ich geh ins Internet …"

„Genau! Da gibt's Seiten, wo du genau siehst, wer in deiner Nähe gerade flirten will!"

„Mit mir?"

„Mit irgendwem! Das ist denen genauso wurscht wie dir."

„Partnersurfing …"

„Schnell, bequem und unverbindlich!"

„Aber irgendwie auch ganz schön sinnlos, oder?"

„Wenn du das Leben sinnlos findest, gehst du einfach wieder ins Internet …"

„Hab ich mir gedacht …"

„Und dort suchst du nach einer Lebensanschauung, die dir gefällt!"

„Hast du einen Vorschlag?"

„Geh einmal auf die Seite *www.Glaubwasduwillst.com*. Da wirst du bestimmt was Passendes finden!"

Im Internet findet man praktisch alles. Aber das Netz findet auch dich! Es speichert deine Interessen, Daten und Lebensgewohnheiten. Man bestelle nur einmal ein ganz gewöhnliches Paar ...

GUMMISTIEFEL

Es begann damit, dass sich Herr Wawerka über's Internet ein Paar Gummistiefel kaufte. Die Lieferung traf schon zwei Tage später ein, und er freute sich. ‚Super, dass heutzutage alles so schnell und unkompliziert geht!‘, dachte er. ‚Alles was du brauchst, ist eine Kreditkarte, der Rest des Lebens erledigt sich dann fast von selbst!‘

Wie recht er damit hatte, war ihm zu diesem Zeitpunkt noch nicht klar, aber schon beim nächsten Einstieg ins Netz bekam er davon einen kleinen Vorgeschmack.

Unter seinen Mails befand sich die Nachricht: ‚Wir freuen uns, dass Sie mit unseren Gummistiefeln zufrieden sind und machen Ihnen ein einmaliges Stammkundenangebot: zehn Paar Gummistiefel um nur Euro 199.90.‘

„Blödsinn!", sagte Herr Wawerka. „Mein Bedarf ist mit dem einen Paar auf Jahre gedeckt!", aber die Cyber-Geschäftswelt sah das anders.

Auf seinem PC-Bildschirm öffnete sich alle paar Minuten irgendein Pop-Up-Fenster, das auf besonders modische, zweckmäßige oder erotische Gummistiefel hinwies. Auch diesbezügliche Literatur bot man ihm an, zum Beispiel den prachtvollen Reiseführer ‚In Gummistiefeln um die Welt!‘.

Als er sich wenig später ins Auto setzte und sein Navigationsgerät einschaltete, zeigte ihm dieses den Weg zum nächsten Gummistiefel-Outlet-Center, und weil er dort nicht hinfuhr, erreichte ihn auf seinem Handy bald ein mysteriöser Anruf.

„Herr Wawerka, wie schön, dass ich Sie erreiche! Ich habe eine gute Nachricht! Sie haben eine Reise zum größten Gummistiefel-Produzenten der Welt gewonnen, mit anschließender Gelegenheit, dort ab Fabrik die Stiefel Ihrer Träume zu erwerben!"

Zuhause erzählte Wawerka das Ganze seiner Frau. Die fand alles sehr sonderbar und verlangte die Scheidung. Denn mit einem von Gummstiefeln besessenen Menschen wollte sie nicht unter einem Dach leben.

Große Kinder gehen ihre eigenen Wege, und da kann es schon sein, dass man lange nichts von ihnen hört. Rufen sie dann unvermittelt am Vormittag an, wollen sie wahrscheinlich …

ZUM ESSEN KOMMEN

„Mama, was gibt's denn heute bei euch zum Essen?"

„Warum?"

„Nur so …"

„Wollt's kommen?"

„Vielleicht …"

„Wann denn?"

„Weiß ich noch nicht."

„So um eins?"

„Keine Ahnung …"

„Wovon hängt denn das ab?"

„Von dem, was es zum Essen gibt!"

„Und wenn ich Palatschinken mach?"

„Na ja …"

„Oder Schinkenfleckerln?"

„Gehen die schneller?"

„Könnt ich nicht sagen …"

„Was magst du?"

„Mir is egal …"

„Mir auch."

„Dann mach ich Spaghetti!"

„Von mir aus …"

„Wie viele seid's denn?"

„Müss ma schau'n …"

„Sagt's ma's halt!"

„Ich ruf dich an …"

„Bitte! Aber bald!"

„Super! Dann hätt ma ja soweit alles geklärt!"

Auch wenn innerhalb einer Familie mit Kindern nicht immer alles reibungsfrei abläuft, gegenüber der Außenwelt lassen die Eltern nichts über ihren Nachwuchs kommen. Schon gar nicht die Bezeichnung …

Ungezogenes G'frast

Als die Tochter von Herbert und Barbara noch klein war, hätte man sie als verhaltensoriginell bezeichnet, wäre dieses Wort damals schon gebräuchlich gewesen. Überall war sie dran, und wenn man ihren Tatendrang begrenzte, wurde sie laut. Das störte Herbert und Barbara aber nicht, denn sie sahen sich als moderne Eltern, und die waren in den 80er-Jahren noch ziemlich antiautoritär.

Zum Beispiel: Eines Tages, da war ihr Mäderl gerade zwei Jahre alt, standen alle drei im Supermarkt an der Kassa. Dort sind bekanntlich die kleinen Verführungen platziert, die man gerne noch spontan im letzten Moment auf's Förderband legt. Wenn Kinder im Einkaufswagerl sitzen, befinden sie sich genau in Augenhöhe dieser Süßigkeiten, und daher ist es sehr naheliegend, dass sie danach verlangen.

Herbert und Barbara sagten: „Du hast doch vorhin eh grad erst eine Schokolade gegessen!", was zwar ohnehin nur ein schwaches Nein bedeutete, von ihrer Kleinen aber mit lautem Protestgeschrei beantwortet wurde.

Die Eltern schien das überhaupt nicht zu irritieren. Seelenruhig schlichteten sie ihre Waren vor der Kassa auf und suchten umständlich nach dem Geldbörsel. Ihre Gelassenheit schwand jedoch augenblicklich, als eine ältere Dame das Kind als ‚ungezogenes G'frast' bezeichnete.

„Kümmern Sie sich um ihren eigenen Schmarren!", zischte Barbara, und die zwei Frauen wären sich wohl in die Haare geraten, hätte nicht Herbert mit beruhigenden Worten auf seine Gattin eingewirkt: „Lass doch die depperte Alte!"

Das ist jetzt, so schnell vergeht die Zeit, bald dreißig Jahre her. Seit ihre Tochter erwachsen ist, leben Herbert und Barbara in trauter Zweisamkeit und gehen zwischendurch immer wieder gerne auf Reisen.

Unlängst standen sie beim Check-In-Schalter am Flughafen, und vor Ihnen turnte ein zweijähriger Bub auf den Gepäckstücken aller Mitreisenden herum. Seine Eltern fragten ihn, ob er nicht damit aufhören wolle. Er wollte nicht.

Und nun geschah etwas Seltsames. In Herbert und Barbara wuchs plötzlich ein unbeschreiblicher Groll, und schließlich riefen die beiden wie aus einem Mund: „G'frast, ungezogenes!"

Kein Zweifel, sie standen jetzt auf der anderen Seite!

Man lernt nie aus, auch nicht, wenn man dann erwachsen ist. Nur geht man als Großer nicht mehr in die Schule, sondern besucht …

SEMINARE

„Ich hab jetzt ein Rhetorikseminar g'macht!"

„Was hast denn da g'lernt?"

„Also, ich weiß gar net, wie ich dir das jetzt erklären soll …"

„Es is eh alles net so wichtig! Das haben's uns unlängst in an interessanten Workshop erzählt, über Stressvermeidung!"

„Hat's g'holfen?"

„Absolut! I hab dadurch erkannt, dass mir der Workshop zu stressig is und gleich abbrochen!"

„Es is ja interessant, was alles für Kurse anboten werden. Zum Beispiel über Stegalenie!"

„Legasthenie heißt des! Den könntest gleich machen!"

„Was?"

„Den Kurs! Oder du probierst es einmal mit an Seminar für Selbstbewusstsein!"

„Des trau i mi net!"

„Eben! Ich hab das schon versucht. In einem Workshop zur Selbstfindung. Drei Tag lang hab i mi g'sucht, und dann sind wir bloßfüßig über Glasscherben gangen!"

„Hast das nachher praktisch anwenden können?"

„Im Spital haben s' mir dringend abg'raten, dass i des noch amal probier!"

„Theoretisch kann man ja viele Lehrgänge ganz bequem von z'Haus aus machen!"

„Wieso theoretisch?"

„Weil's praktisch net funktioniert! Da gibt's doch in die Illustrierten oft so Seiten mit bunte Kasteln, wo ma sich verschiedene Berufe aussuchen kann. Da hab ich den Betriebsleiter ausg'schnitten und an des Fernlehrinstitut g'schickt!"

„Und was war?"

„Statt an Zeugnis hab i irgendwelche Unterlagen zum Lernen kriegt! I sag dir was: Wo du hinschaust, überall wirst ang'schmiert!"

Vieles kann man erlernen, trotzdem ist Begabung sehr wichtig. Manche Leute sind zum Beispiel von Haus aus sehr mitteilungsbedürftig und halten ohne Probleme eine …

ENDLOSE REDE

Pribil ist ein gefürchteter Redner. Er sitzt im Vorstand des Kleingartenvereins, und wenn mehr als drei Leute beisammensitzen, ergreift er unweigerlich das Wort.

„Ihr braucht euch keine Sorgen machen, ich habe nicht die Absicht, eine Rede zu halten!“, so beginnt er meistens. „Ihr wisst, ich bin kein Freund der großen Worte, und warum das so ist, hat drei Gründe, die ich euch kurz skizzieren möchte: Erstens, zweitens und drittens.“

Damit hat Pribil seine Schwafelei für die nächste Zeit auch schon abgesteckt.

„Bereits Heinrich Schwendenhelm hat einmal gesagt: ‚Wer bin ich, dass ich euch mit meiner Weisheit beglücke?‘ Und wie recht er damit hatte! Denn wir wissen bis heute nicht, wer Heinrich Schwendenhelm wirklich war!“

Pribil zitiert diesen Schwendenhelm sehr gerne, nur manchmal bezeichnet er ihn als Joseph Modersheim. Grundsätzlich ist es so, dass Pribil so lange redet, bis jeder glaubt, er wäre jetzt endlich fertig. Und dann sagt er so etwas Niederschmetterndes wie: „Ich werde das später noch genauer erläutern …“

Das Publikum versucht natürlich, auf seine Langeweile aufmerksam zu machen – durch demonstrativ oftmaliges Wechseln der Sitzhaltung, auf die Uhr schauen, Augen schließen und vornüber Kippen. Doch Pribil reagiert, wenn überhaupt, nur mit Scheinschlüssen: „Damit komme ich auch schon …“

Mancher hebt den Kopf, doch der Satz lautet schließlich: „Damit komme ich auch schon zum nächsten Punkt, der mir sehr wichtig ist!"

Die Zeit scheint stillzustehen, Pribils Stimme verklebt Ohren und Gehirnganglien, nur das Stammhirn sendet noch schwache Signale. Es flüstert: „Du hast schon Schlimmeres überstanden, ich weiß nur nicht mehr, was das war."

Nach einer Ewigkeit sagt Pribil so etwas wie: „Fhoivqrjc jir gioüfvj Ewfwuh grgerf wgo!", und einer beginnt zu applaudieren. Das war's. Die anderen setzen ein, und die Rede ist zu Ende. Pribil schweigt. Aber wie lange?

Heinrich Schwendenhelm hat einmal gesagt: ‚Man soll den Abend nicht vor dem Morgen preisen!' Oder war das Joseph Modersheim?

Politiker reden besonders gerne, aber nicht immer liegen ihren Ausführungen tragfähige Ideen zugrunde. Ich könnte da mit einem großartigen Vorschlag aushelfen, mit einem …

100-EURO-RETTUNGSPROGRAMM
(Lied)

Ich war unlängst auf Urlaub erst in einem schönen Land,
das ist furchtbar verschuldet, doch das is ja eh bekannt,
nun habe ich gezeigt, wie man das löst auf eins, zwei, drei,
der kleine Ort, in dem ich war, ist seither schuldenfrei!

Also, ganz kurz erzählt, ich komm dort hin und borge mir
ein Auto für zwei Tage und sag zum Verleiher: „Hier!
Da ist ein 100-Euro-Schein, wie üblich, als Kaution!"
Der Mann, der steckt ihn ein, und ich fahr unbeschwert davon.

Kaum bin ich draußen, rennt der Typ zum Kaufmann eilig hin
und sagt: „Da sind die 100 Euro, die ich schuldig bin!"
Der nimmt sie und geht damit rüber zum Installateur:
„Das ist für'n letzten Rohrbruch, vielen Dank, Herr Ingenieur!"

Und dieser Mann, der fühlt sich plötzlich unverhofft imstand,
die Schulden für sein Bier zu zahl'n, beim Wirten, allerhand.
Der Wirt, der gibt den Hunderter am Abend seiner Frau
und sagt: „Wir sind verheiratet heut sieben Jahr genau!"

„Kauf dir darum was Schönes!", meint er, doch sie bringt dann nur
das Geld gleich ihrem Freund für eine Autorep'ratur.
Der junge Mann ist ihr geg'nüber mehr als hilfsbereit,
wir kennen ihn schon, weil er nämlich PKW verleiht!

So lieg'n die 100 Euro zwei Tag später wieder hier,
ich bring den Wag'n retour und nehm das Geld wieder zu mir.
Alle Schulden sind beglichen, niemand hat was investiert,
glaub'n Sie nicht, dass das anderswo genauso funktioniert?

Wirtschaftlicher Erfolg verlangt zukunftsorientiertes Denken. Aber man kann sie auch übertreiben, die ...

ZUKUNFTSPLÄNE

„Ich sag's dir ganz ehrlich, ich kann es kaum mehr erwarten, dass unsere Tochter das Geschäft übernimmt!"

„Eine eigene Firma zu führen ist heutzutage ein Himmelfahrtskommando, und es wird immer schwieriger!"

„Eben deshalb! Aber sie wird es schon schaffen, Anna ist noch jung!"

„Zuerst müsste sie aber auch noch was investieren!"

„Dazu gibt's doch Förderungen!"

„Und eine Wohnung braucht Anna auch, wenn sie eine Familie gründet!"

„Damit sollte sie sich noch Zeit lassen! Viele Frauen sind heutzutage schon über dreißig, wenn sie Kinder kriegen!"

„Ich finde das nicht so gut, wenn Anna nur an ihre Karriere denkt!"

„Natürlich nicht, sie braucht auch ein Auto! Zuerst nur ein kleines sportliches!"

„Blödsinn, da muss auch was reingehen! Stell dir vor, sie will neue Schlafzimmermöbel kaufen!"

„Da gibt's doch diese LKW zum Ausborgen!"

„Mit sowas lass ich sie nicht auf die Straße, das ist viel zu gefährlich! Sogar ich hab schon einmal ein Hauseck mitgenommen!"

„Das passiert Anna nicht, Frauen fahren vorsichtiger!"

„Wer sagt denn überhaupt, dass wir eine Tochter kriegen?"

„Haben sie denn das nicht gesagt, beim letzten Ultraschall?"

„Nicht mit Sicherheit! Es könnte immer noch ein Bub werden!"

„Egal, dann soll halt *der* unser Geschäft übernehmen!"

Nach diesem Blick in die Zukunft nun ein Ausflug in die Vergangenheit. Die geheimnisvolle Hauptrolle spielt dabei eine schlichte alte ...

THUNFISCHDOSE

In einem seit Jahren relativ unergiebigen, archäologischen Grabungsfeld wurde unlängst ein Fund gemacht, der weltweit für Schlagzeilen sorgte. In einer Bodenschicht, die eindeutig dem ersten nachchristlichen Jahrhundert zuzuordnen war, fand man eine leere Thunfischdose. Wohl eine etwas ältere Dose, aber immerhin eine, die unmöglich in das antike Umfeld passte.

Natürlich dachte jeder zuerst an einen Scherz, aber dann begann man allerorten, nach wissenschaftlichen Erklärungen zu suchen.

Ein Professor aus Washington präsentierte die Hohlraumtheorie (hollow space theory). Durch den Einbruch eines Hohlraumes wäre wohl ein kleiner Teil des Bodens einige Meter tief abgesunken und hätte bestimmte Artefakte in Schichten transportiert, in denen sie normalerweise nichts verloren haben.

Dem widersprach eine Forschergruppe aus Großbritannien. Sie vertrat die Ansicht, dass alte Erdschichten durch vulkanische Aktivitäten nach oben gewandert wären, während die Dose durch den Erdmagnetismus zurückgehalten worden sei (hold back theory).

Aus der esoterischen Ecke kamen Mutmaßungen, die alten Römer wären durchaus schon imstande gewesen, Thunfischkonserven herzustellen, nur hätten die Menschen diese Fertigkeit im Mittelalter wieder vergessen (lost knowledge theory). Man diskutierte auch den freien Fall der Fischdose aus einem Flugzeug (deep impact theory) und die Möglichkeit, die Konserve könnte von Mäusen vier Meter in die Tiefe transportiert worden sein (mouse transport theory).

Man veranstaltete schließlich einen vielbeachteten wissenschaftlichen Kongress, die International Canned Fish Conference (ICFC), die allerdings mit einem peinlichen Knalleffekt zu Ende ging. Ein Experte wies nach, dass die archäologische Grabung in den Bereich einer illegalen Mülldeponie aus dem späten 20. Jahrhundert vorgestoßen war. Der Mann ist Italiener und kennt sich mit sowas aus.

Die Story mit der Konservendose wäre ein guter Stoff für die Fernsehsendung ‚Universum‘. Eva und Hannes wollen was noch Spektakuläreres sehen und sitzen deshalb …

IM KINO

Erst vor ein paar Minuten hat der Film *Black Hollow – Tödlicher Schatten* begonnen, und schon ist ein junges Paar im Lift stecken geblieben. Stromausfall.

„Blöd gelaufen!", sagt Eva. „Gleich werden sie abstürzen!"

„Unsinn …", murmelt Hannes, aber da saust die Liftkabine schon in die Tiefe. Sie kommt erst knapp vor dem Erdgeschoß zum Stillstand.

Eva lehnt sich zurück und lächelt. „Das Problem der beiden ist jetzt, dass der tödliche Schatten schon ins Haus eingedrungen ist und ihnen niemand helfen kann!"

„Woher willst du das wissen?", fragt Hannes ärgerlich.

„Weil ich den Trailer gesehen hab. Der Film ist ein Schmarren!"

„Und warum schaust du ihn dir dann an?"

„Weil du unbedingt wolltest, dass ich mitgehe! Achte jetzt auf das Pizzaauto!"

„Was ist damit?"

„Das fliegt gleich die Brücke runter, weil der tödliche Schatten schon hinten auf der Ladefläche sitzt!"

„Also bitte, warum sollte denn …"

Hannes hatte noch nicht ausgesprochen, da flog das Pizzaauto schon übers Brückengeländer.

Eva ließ nicht nach. „Als nächster ist der Typ mit der blauen Jacke dran!"

„Hast du das auch im Trailer gesehen?"

„Nein, aber er hat gerade gesagt: ‚Ich komme gleich wieder.‘ Und wer das in so einem Film sagt, ist garantiert das nächste Opfer!"

„Mit dir macht das Kino keinen Spaß!", protestierte Hannes. „Lass dich doch einfach überraschen, was passiert!"

„Bitte gern! Da ist schon etwas, das mich überrascht!"

„Nämlich?"

„Dass der amerikanische Präsident Fensterglasbrillen hat, in denen sich die Kamera spiegelt! Das dürfte in so einem teuren Film nicht passieren!"

„Eva, hör auf, du hast mich überzeugt!"

„Wovon?"

„Dass man mit dir nicht ins Kino gehen kann!"

Man kann es bedauern oder froh darüber sein, dass man nie weiß, was das Leben bringt. Und doch gibt es überraschenderweise Ausnahmen, in denen man zumindest einen kleinen Blick in die Zukunft der anderen werfen kann. Stellen Sie sich zum Beispiel vor, Sie fahren auf der Autobahn und erkennen einen …

STAU AUF DER GEGENSPUR

Es sind Kleinigkeiten, die den Verkehrsfluss empfindlich stören. Da genügt es, wenn die Fahrbahn um zwei Meter verschwenkt wird, um Platz für eine Leitschienenreparatur zu schaffen. Im Baustellenbereich sind, so wie überall, zwei Fahrspuren frei, trotzdem entsteht oft ein kilometerlanger Stau.

So ist es auch jetzt. Im Vorbeifahren sehe ich auf der Gegenfahrbahn einen LKW und drei Bauarbeiter und von hier beginnend bis an den Horizont eine endlose Autoschlange, eine hoffnungslose Kette stehender Fahrzeuge.

Irgendwie überkommt mich ein seltsames Gefühl, wie ich so mit hundertdreißig Kilometern pro Stunde an Menschen vorbeirase, die mich für meine freie Fahrt wahrscheinlich hassen. Aber so ist es eben, das Schicksal. Die auf der Gegenfahrbahn haben halt einfach Pech.

Zehn Kilometer später erreiche ich die Stelle, wo der Stau beginnt. Da bremsen sich die Autofahrer drüben gerade ein und denken: ‚Na hallo, was ist? Warum fahren die denn da nicht schneller? Ich hab ja meine Zeit nicht gestohlen!'

Anschließend erreiche ich die Zone, in der die Welt auf der anderen Seite noch in Ordnung ist. Da wird gedrängt und geschnitten, damit man ein paar Minuten früher am Ziel ist.

Hier setzen meine fast schon philosophischen Gedanken ein. Ich kenne sie, die Zukunft all dieser Würstchen, die gerade wie die Lemminge einem unerbittlichen Hindernis entgegen flitzen. Bald werden sie nur mehr in der Landschaft herumstehen, den Motor abstellen und warten. *Ich* weiß, wie lang die Autokolonne ist, auf die sie zusteuern, und dass es keinen Zweck hat, jetzt noch zu überholen. *Ich* weiß es, die da drüben nicht!

Natürlich werden Sie jetzt sagen, dass der Stau ja wahrscheinlich im Verkehrsfunk angekündigt oder vom Navi angezeigt wurde. Nur, wer von denen hat das zur Kenntnis genommen, und wer hat es schließlich geglaubt? Ist doch alles immer halb so schlimm! Vielleicht hat sich das Ding längst aufgelöst, einstweilen geht's ja noch flott dahin! Und wenn man vor dem Stau noch fest auf die Tube drückt, verringert sich der Zeitverlust.

Mit einem wohligen Gefühl der Nichtbetroffenheit rolle ich meinem Ziel entgegen, das ich in zwanzig Minuten erreichen sollte. Eine Verkehrsdurchsage informiert mich darüber, dass irgendwo vor mir ein LKW in den Graben gefahren ist. Es hat sich angeblich inzwischen ein rasch wachsender Stau gebildet …Na ja, so schlimm wird das ja wohl nicht sein! Geben wir Gas, so lang's noch geht!

Das eigene Fahrzeug gilt noch immer als Symbol einer gewissen Unabhängigkeit. Umso schlimmer ist ein …

DREISTER AUTODIEBSTAHL

„Stell dir vor, ich komm heut in die Garage. Is des Auto weg!"

„G'stohlen?"

„Ja, aber es kommt besser! I renn glei auf die Straßen raus und seh grad no, wie mei Auto um die nächste Ecken fahrt!"

„Und?"

„Es gelingt ma tatsächlich no, dass i ma die Nummer aufschreib!"

„Von *dein* Auto?"

„I hab ma dacht, wenn i die Nummer hab, kommt der net weit!"

„Sehr g'scheit! Warst auf der Polizei?"

„Selbstverständlich! Aber hurch zua: Wie i wieder hamkomm, steht des Auto vor unserm Haus! So, als ob nix g'wesen war!"

„Unglaublich!"

„Mei Frau ramt grad den Einkauf vom Supermarkt aus'm Kofferraum und sagt, i soll ihr beim Einetragen helfen!"

„Des is aber wirklich rätselhaft! Heb dir halt dei Autonummer gut auf!"

„Werd i machen! I bin ja net deppert!"

Die Entwicklung des Automobils war seinerzeit ein wirklich großes Abenteuer, etwa vergleichbar mit der Erfindung des Computers. Man stelle sich vor, es wäre bei den Autos zu einer ähnlichen Zweigleisigkeit gekommen, wie später zwischen Windows-PCs und Apple-Produkten. Dann gäbe es heute normale Kraftfahrzeuge und ...

DAS APFEL-AUTO

Am Anfang standen wilde Konstruktionsideen, mit Motor vorne und Motor hinten, drei oder vier Rädern, mit und ohne Dach. Einige Prinzipien setzten sich aber schließlich durch, egal ob am Kühler ein Stern, ein Löwe oder ein Jaguar prangte.

Nur ein Autohersteller, der vorne einen angebissenen Apfel platziert hatte, blieb bei seinem besonders eigenwilligen Konzept. Zum Beispiel steuerte man seine exklusiven Fahrzeuge mit zwei Pedalen, während die Geschwindigkeit mit einem Lenkrad geregelt wurde.

Und das ist bis heute auch so geblieben, weil es den Produzenten des Apfel-Autos gelang, die Andersartigkeit ihres Wagens als besonders begehrenswert darzustellen. Die macht sich in verschiedenen Details bemerkbar. Das Äpfelchen erhält sein Benzin an eigenen Tankstellen, weil normale Zapfhähne nicht in seine Tankstutzen passen. Der Fahrersitz befindet sich (in den europäischen Modellen) nicht vorne links, sondern hinten rechts, was angeblich vor allem beim Einparken ungemein praktisch ist. Die Motorhaube des Apfel-Autos kann nur von einem vereidigten Apfel-Mechaniker geöffnet werden, von denen es allerdings nur ganz wenige gibt. In den Kofferraum passen keine normalen Gepäckstücke, außer man konvertiert sie mit einer speziellen App.

Wenn man fahren will, muss das vorher dem internationalen Apfel-Zentrum gemeldet werden, damit die Sicherheit und Bequemlichkeit entlang der Strecke gewährleistet ist. Dabei handelt es sich allerdings nur um eine Übergangsmaßnahme, denn längerfristig ist geplant, die Äpfelchen nur auf Apfel-eigenen Straßen fahren zu lassen.

Tja, und noch ein wesentliches Merkmal zeichnet Apfel-Fahrzeuge aus: sie sind absurd teuer. Und damit kommen wir zu einem interessanten, psychologischen Faktor. Apfel-Fahrer lieben ihr Auto bedingungslos und verzeihen ihm alle noch so gravierenden Fehler. Dass es welche hat, behaupten sowieso nur die Idioten, die mit den No-Name-Produkten herumkutschieren.

Zwischen den zehn Prozent Apfel-Fahrern und dem Rest der Autowelt herrscht ein irrationaler fundamentalistischer Glaubenskrieg. Deshalb wäre es zum Beispiel sehr unklug, würde ich hier verraten, welches Auto ich fahre. Denn es sind schon viele auf Nimmerwiedersehen im feindlichen Betriebssystem verschwunden.

Bestimmt geht es Ihnen oft wie mir: Sie suchen wie verrückt nach dem …

AUTOSCHLÜSSEL

Vollgepackt vor'm Supermarkt
steh ich, wo mein Wagen parkt
und tast mit der linken Hand
irgendwo in meinem G'wand
nach dem Autoschlüssel, der
unerreichbar ist grad sehr,
nämlich rechts im Hosensack
unter meinem Anorak.
Also stell ich alles ab,
such, bis ich den Schlüssel hab,
räum das eingekaufte Brot,
Butter, Bier im Angebot
hinten in den Kofferraum,
steige ein und sitze kaum,
da such ich erneut den Dings,
diesmal ist der Schlüssel links.
Dort g'leng ich jetzt so nicht hin,
weil ich nicht vom Zirkus bin,
wuzle mich noch einmal raus,
warm wird mir, ich zieh mich aus,
setz mich seufzend wieder rein,
wo kann jetzt der Schlüssel sein?
Endlich fällt es mir dann auf,
dieses Mal, da sitz ich drauf.
Schlüssel sind,'s ist wie verflucht,
niemals dort, wo man sie sucht!

Um einen Notfall ganz anderer Art handelt es sich hier. Die betroffene Person schreibt deshalb an eine allseits bekannte amerikanische Sicherheitsbehörde:

SEHR GEEHRTE NSA

Mir ist gestern was wirklich Blödes passiert. Meine kleine Tochter, die gerade erst in die Volksschule gekommen ist, hat sich in einem unbeobachteten Augenblick an den Computer gesetzt und irgendwo herumgedrückt. Ich weiß nicht, wie das passiert ist, jedenfalls hat sie mir die Festplatte formatiert, das heißt, alles was drauf war, ist gelöscht.

Jetzt weiß man ja, dass Sie regelmäßig von allen Computern auf der Welt die Daten absaugen. Wären Sie so nett und täten mir eine Kopie von meiner Festplatte zukommen lassen?

Ich würde mich mit unseren Urlaubsfotos revanchieren. Die haben Sie nämlich bestimmt noch nicht, und vielleicht ist irgendwas Interessantes für Sie drauf.

Mit freundlichen Grüßen, Ihr Computer mit der IP-Adresse ... (aber die kennen Sie ja eh)

In der Cyber-Welt gibt es keine Geheimnisse. Wirklich unbekannt sind nur die Personen in der Geschichte von …

KEINER UND NIEMAND

Es war ein wunderschöner Tag. Keiner stand an der Haltestelle und blinzelte in die Sonne, als Niemand dahertrippelte, um ebenfalls auf den Bus zu warten. Keiner war fasziniert, denn Niemand hatte so seidiges Haar, so strahlende Augen und betörende Kurven. Und Keiner begann zu träumen. Wie mochte es sein, Niemand an seiner Seite zu haben? Hatte Keiner bei ihr eine realistische Chance, und hätte er Niemand für sich allein? Was hätte ihr Keiner zu bieten?

Der vollbesetzte Bus fuhr in die Station, Keiner stieg ein, und man kann sich seine Aufregung vorstellen, als Niemand plötzlich dicht neben ihm stand.

Als sich die Türen geschlossen hatten, sagte Keiner den originellsten Satz, der ihm in dieser Situation einfallen wollte: „Da passt jetzt wirklich keine Maus mehr rein!"

Niemand antwortete: „Nein, Keiner!"

„Wirklich Niemand!", sagte Keiner, und so kamen sie schnell in ein sehr persönliches Gespräch, stiegen in der nächsten Station aus und gingen in ein Café.

Keiner saß neben Niemand, und beide merkten, dass sie einiges gemeinsam hatten. Sie wurden ein Paar, und keiner konnte sich ein glücklicheres vorstellen, auch Keiner nicht.

Niemand schwebte im siebenten Himmel, und bald wurde ein entzückendes Kind geboren. Keiner und Niemand nannten es Jemand, denn das Kind soll es einmal besser haben als die Eltern.

Gemeinsam ist man zwar grundsätzlich stärker, aber es kommt auch immer sehr auf die Rollenverteilung an. Daran verzweifeln gerade Johnny und …

DAS SPRECHENDE KROKODIL

„So, jetzt erzählen Sie mir einmal alles ganz von vorne!", sagte der ermittelnde Polizist zum Krokodil. „Wann haben Sie zum ersten Mal gesprochen?"

„Keine Ahnung! Irgendwann, kurz nachdem mich Herr Johnny zu sich nach Hause genommen hat. Er wollte mich auf der Couch zu seinen läppischen Teddybären und Plüschkatzen setzen, und ich habe dagegen protestiert!"

„Warum?"

„Weil ich kein Spielzeug, sondern eine talentierte Bauchredner- puppe bin!"

„Und wie hat Herr Johnny darauf reagiert?"

„Zuerst war er natürlich erstaunt, aber dann hat er beschlossen, mit mir gemeinsam öffentlich aufzutreten, als Johnny und sein freches Krokodil!"

„Hat das funktioniert?"

„Zuerst schon, aber ich habe bald bemerkt, dass ich Herrn Johnny rhetorisch überlegen bin, und wir haben uns darauf geei- nigt, dass *ich* spreche und *er* die Mundbewegungen macht!"

„Das war Ihnen aber zu wenig …"

„Na ja, ich hab dann zusätzlich Herrn Johnnys Management übernommen, aber es ist mit der Zeit aufgefallen, dass er auch bei den Gagenverhandlungen immer sein Krokodil, also mich, dabei haben musste!"

„Und wieso ist es dann zum Streit gekommen?"

„Weil er das ganze verdiente Geld für sich behalten wollte! Ich habe ihn daraufhin auf offener Bühne als habgierige Marionettenfigur bezeichnet, und er wollte mich in eine Kiste sperren. Zum Glück bin ich über die Garderobe entkommen!"

„Das ist Ihre Privatangelegenheit. Aber nun fühlt sich das Publikum um das Eintrittsgeld betrogen!"

„Das hab ich schon geregelt! Ich gebe heute Abend eine Benefizvorstellung. Ohne Herrn Johnny, dafür mit einer kleinen Plüschkatze von seiner Couch. Sie heißt Minka und hat wirklich Talent!"

In jeder nur denkbaren Disziplin veranstaltet man Wettbewerbe, in denen die Besten ihres Faches ermittelt werden. Und so gibt es natürlich auch eine ...

HELLSEHER-EM

„Gestern ist die schon lange vorausgesagte Europameisterschaft der Hellseher eröffnet worden. 99 Propheten und Prophetinnen treten in den Disziplinen Handlesen, Kartenlegen, Kaffeesuddeuten und Wahrsagen mit der Kristallkugel gegeneinander an, und mein Reporterkollege Walter Plapper meldet sich direkt vom heutigen Bewerb."

„Hier läuft gerade der erste Durchgang im Kaffeesudlesen der koffeinfreien Klasse. An der Kaffeetasse ist gerade die Teilnehmerin aus Deutschland und versucht sich an den Lottozahlen der heutigen Ziehung. Dieser Bewerb ist deshalb so interessant, weil ja schon heute Abend nach der Lottoziehung feststeht, wer die meisten Treffer hat. Problematischer wird dann der zweite Durchgang mit der Fragestellung ‚Wer zahlt in zwanzig Jahren unsere Pensionen?'. Das kann man naturgemäß frühestens in zwei Jahrzehnten wissen, aber deshalb gibt es ja auch noch den dritten Durchgang, in dem die Propheten und Prophetinnen die Frage ‚Wer gewinnt das Kaffeesudlesen?' beantworten müssen.

Beim gegenseitigen Handlesen hat es gestern eine Überraschung gegeben. Der Schweizer Wahrsager behauptete, in der Hand des Italieners überhaupt keine Zukunft zu erkennen, worauf der Italiener für den Schweizer schwarz sah, obwohl die Hände des Eidgenossen angeblich sauber waren.

Die Aufregungen hatten eigentlich schon im Vorfeld der Bewerbe begonnen. Denn als einige EM-Teilnehmer in der Hotelbar ein Bier bestellen wollten, sagte der deutsche Prophet: „Ich möch-

te wirklich wissen, wann hier endlich die Kellnerin kommt!",
was sofort Zweifel an seinem Trainingszustand aufkommen ließ.

Der Abend in der Bar dauerte dann auch ziemlich lange, worauf
der französische Wahrsager am nächsten Morgen von seinem
Trainer eine Verwarnung bekam. Der österreichische EM-Pro-
phet kommentierte das mit den Worten: „Des hätt i da glei sagen können!"

Egal ob im Sport, in der Kultur oder in der Politik – überall gibt es Stars, die von allen verehrt werden. Einer von ihnen ist ...

MARIO B.

„Ihn kennt heutzutage jeder. Aber wie ist er zum Medien-Superstar geworden? Fest steht nur, dass die Wurzeln seiner Erfolgsgeschichte im vorigen Jahrhundert zu suchen sind. Zu Gast bei uns im Studio ist Professor Walter Bildschirm vom Institut für TV-Geschichte. Wo kann man denn die ersten Spuren von Mario B.s Erfolgsgeschichte nachweisen?"

„Zunächst muss man sagen, dass die Begeisterung für's Fernsehen offensichtlich bereits in Mario B.s Familie liegt. Schon seine Mutter ist in den 60er-Jahren als Kind in der Sendung ,Wer bastelt mit?' mit einem halbfertigen Vogelhäuschen zu sehen, während der damals noch langhaarige Vater 1978 in der Jugendsendung ,Ohne Maulkorb' als eingerauchter Atomkraftgegner wirres Zeug redet."

„Und Mario B. selbst?"

„Tritt erstmals als kleiner Flötenspieler bei Peter Rapp in der Sendung ,Die große Chance' auf. 2001 ist er das erste hinausgeworfene WG-Mitglied in ,Taxi Orange'. Im darauffolgenden Jahr macht er sich dann als Leider-Nein-Kandidat bei ,Starmania' einen Namen. Ehrgeizig geht Mario B. ins Ausland und versucht sich drei Mal in der Castingshow ,Deutschland sucht den Superstar' – erfolglos."

„Sensationell!"

„Genau! Damit macht er Schlagzeilen und wird infolgedessen für ,Dancing Stars' engagiert. Weil nun so viele Zuschauer wissen wollen, wer der Typ eigentlich ist, lädt man ihn zu Barbara Karlich und in den ,Musikantenstadl' ein."

„Und daraufhin schreibt er sein erstes Buch?"

„Richtig! Über seine Erfahrungen im Showbusiness und wie er es bis ganz nach oben geschafft hat. Mit seinem großen, schonungslos offenen Interview im Fernseh-Kulturmontag beginnt schließlich ein neues Kapitel in Mario B.s Leben. Und jetzt muss ich Sie leider verlassen …"

„Was haben Sie denn noch vor, wenn ich fragen darf?"

„Mario B. ist heute zum ersten Mal Gastgeber in seiner eigenen Show ‚Zum Kaffee bei Mario B.' Und da hat er neben Lady Gaga, Madonna und George Clooney auch mich eingeladen!"

„Zum Gespräch?"

„Zum Kaffee holen!"

Die Medien leben nicht nur von harmlosen Glitzershows, sondern auch von beinharten News. Jeder will live dabei sein, wenn irgendwo etwas Grausliches passiert, und deshalb wird er auch gerade jetzt wieder verliehen:

DER GOLDENE HIOB

„Meine Damen und Herren, was wäre die Welt ohne tägliche Katastrophenmeldung? Die pure Langeweile! Erst schlechte News bringen die Menschen dazu, sich selbst zu spüren. Sie liefern die Aufregungsenergie für den Alltag und sorgen für Auflagen und Einschaltquoten. Früher hat man die Überbringer schlechter Neuigkeiten umgebracht, heute ist ein Leben ohne ihre Reportagen unvorstellbar.

Und so stehen wir nun wieder vor dem alljährlich größten Ereignis der Medienbranche, der Verleihung des ‚Goldenen Hiob‘ für die schlechteste Nachricht des Jahres.

Unermüdlich haben sich Zeitungen und elektronische Medien 365 Tage und Nächte lang bemüht, von Krisen, Katastrophen und Skandalen zu berichten, hautnah und erschütternd.

Und es war gar nicht so einfach, denn so gut wie alles ist schon einmal da gewesen! Natürlich kommt uns das, was in der Welt geschieht, sehr entgegen. Aber erst die Kunst des Journalismus macht den Nachrichtenkonsumenten richtig schön Angst, sodass sie gleich noch eine Zeitung lesen müssen und die nächste Nachrichtensendung kaum mehr erwarten können. Dies würdigt der heutige Preis.

Meine Damen und Herren, der ‚Goldene Hiob‘ geht an die wirklich übelste aller denkbaren Schlagzeilen: ‚Menschheit informiert sich nur mehr über facebook!‘

Es ist ja für die Medien wirklich nicht leicht, täglich alle Sende-
plätze, Zeitungs- und Internetseiten zu füllen. Deshalb hat man
das Jahr so eingeteilt, dass immer irgendetwas gefeiert werden
kann – die mehr oder weniger skurrilen …

WELTTAGE

„Also, das ist schön, dass wir uns da so zufällig treffen!", sagte
eine Frau auf der Straße zu ihrer Freundin. „Gehen wir auf eine
Melange? Heute ist der Internationale Tag des Kaffees!"

„Sonst gern, aber ich hab grad einen Tag der Arbeit!"

„Also, ich mach mir von Zeit zu Zeit einen schönen Unabhän-
gigkeitstag!"

„Vielleicht einen Tag des Waldes?"

„Mehr so einen Weltwassertag."

„Ich versteh: einen Tag der Freikörperkultur!"

„Jedenfalls einen Tag des Sonnenschutzes, kombiniert mit Welt-
lesetag!"

„Sehr brav! Ist halt a bisserl unkommunikativ. Meinen Mann
hab ich zum Beispiel am Weltkuscheltag kennengelernt!"

„Wir haben uns am Tag des Butterbrotes getrennt! Nur weil ich
gesagt hab, dass einmal *er* kochen soll."

„Hat er nie?"

„Nur einmal, am Tag des Spargels. Bei mir war dann nachher
Welttoilettentag …"

„Na ja, das ist doch normal. Und jetzt lebt er allein? Hat er
sich's damit verbessert?"

„Sicher nicht! Seither ist bei ihm durchgehend Tag der Tiefkühl-kost."

„Nächste Woche wär der Weltnudeltag!"

„Er hofft immer noch auf den Tag der Wiedervereinigung! Dabei hat er sich ja nicht einmal unseren Hochzeitstag gemerkt!"

„Das is aber bei den Männern öfter so!"

„Vielleicht. Aber der Meinige ist dann immer mit so blöden Aus-reden kommen."

„Wie?"

„Er hat mir erklärt, dass unser Hochzeitstag leider mit'm Europä-ischen Datenschutztag zusammenfallt, und deshalb muss er so tun, als ob er ihn nicht wüsst!"

Sind Sie mit Ihrem Leben wirklich zufrieden? Leider sagen viele …

WAS I HAB, DES WILL I NET *(Lied)*

Was i hab, des will i net, was i will, des hab i net,
i waß net ob Sie's int'ressiert, i bin so kompliziert.
Was i glaub, des waß i net, was i waß, des glaub i net,
des is scho immer g'wesen so, und des macht mi net froh!

Wenn i da bin, also dann, wär's viel schöner dort,
und is da dann einmal schön, bin i dann grad fort!

Was i find, des such i net, was i such, des find i net,
jeden Tag derselbe Schmarr'n, und dann geht's los von vorn.
Was i derf, des schmeckt ma net, was ma schmeckt, des derf i net,
verstengan Sie, dass mi des stört, des is doch unerhört!

Heute hoff i, morgen kommt, viel a bess're Zeit,
und is morgen wünschert i, gestern wär jetzt heut!

Aber manchmal frag i mi, wissen Sie, doch irgendwie,
wie des war, so wie sich's g'hört, jetzt einmal umgekehrt.
Was i wollt, des hätt i dann, und tät essen, was i kann,
i wär zufrieden und recht blad, und des Leb'n stinkfad!

Ein Wunsch, der leider meistens nicht so prompt in Erfüllung geht, ist ein …

TERMIN BEIM ARZT

„Ordination Dr. Schrumpel?"

„Bin i da bei der Hautärztin?"

„Sag i doch!"

„Also, ich hätt gern an Termin! Wegen meiner Allergie …"

„Wie schaut's bei Ihnen am 10. Juni aus?"

„Nächste Wochen is leider ungünstig!"

„Damit wir uns richtig verstehn: Ich mein den 10. Juni im nächsten Jahr!"

„Nächstes Jahr? Wer waß, ob i da überhaupt no leb!"

„Falls nicht, müssen S' uns halt rechtzeitig verständigen!"

„Bei Ihnen is des ja noch ärger wie beim Orthopäden! Der hat mir wenigstens an Termin im heurigen November geben!"

„Solche Husch-Pfusch-Aktionen gibt's bei uns net! Es is halt die Aufgabe des Patienten, dass er sich seine Krankheiten einteilt, damit er den Arzt hat, wenn er'n braucht!"

„Des mach i eh! Für Allerheiligen hab i mir an Hexenschuss vorg'nommen! Und im nächsten Februar muss i auf a Nussschalen beißen!"

„Warum?"

„Weil i da an Termin beim Zahnarzt ergattert hab!"

„Na sehn S'! Es geht doch!"

„I hoff nur, dass i rechtzeitig die Angina krieg, damit der Termin beim HNO-Arzt im September an Sinn hat!"

„Toi toi toi!"

„Und bei Ihnen is früher wirklich gar nix möglich?"

„Keine Chance! Die Frau Doktor is völlig ausgelastet!"

„Und privat?"

„Privat gangert's morgen um drei oder jetzt glei. Ganz wie Sie wollen!"

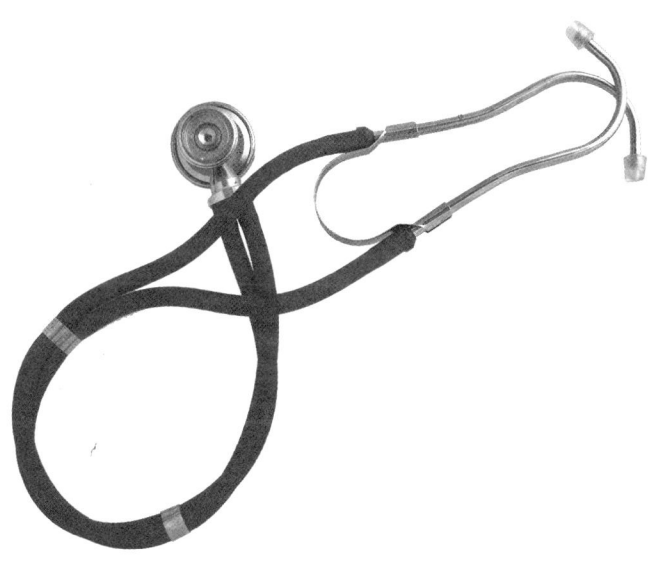

Man sagt oft, Hunde wären die treuesten Freunde der Menschen. Deshalb bemühen wir uns auch um ihr Wohlergehen, geben ihnen teures Futter und gehen mit ihnen, wie man so treffend sagt, ...

ÄUSSERLN

„So, jetzt hab i Ihnen aber derwischt!"

„Was is?"

„Ihner Hund hat da grad sein G'schäft g'macht, in der öffentlichen Grünanlage!"

„Mir scheint! Wer san Sie überhaupt?"

„Der offizielle Hundekot-Beauftragte der Gemeinde. Macht 40 Euro. Wollen Sie's glei zahlen, oder mach ma a Anzeige?"

„Hören S', mei Lumpi waß, was sich g'hört! A Lackerl hat er g'macht. A Lackerl! Und des is erlaubt!"

„Und von wem is jetzt da des Würschtl?"

„Von uns jedenfalls net, gell, Lumpi? Wir machen kane so großen Würsti!"

„Gengan S', reden S' doch net! I hab Ihnen ja zug'schaut!"

„Was? Für mei Steuergeld schauen Sie den Hunden beim Stoffwechsel zu?"

„Regen S' Ihnen net auf! Zahlen S' die 40 Euro, und wir reden nimmer drüber ..."

„Kommt ja net in Frage! Pass auf, Lumpi, zeig dem Herrn da amal, wie du brav Lackerl machst ... sehn S'?"

„Was wollen Sie damit beweisen?"

„Dass Sie sich g'irrt hab'n!"

„Des möcht i sehn!"

„Bitte gern. Lumpi, jetzt machst amal zum Vergleich a Würsti!"

„Des is ja unglaublich!"

„Gellen S'? Jetzt siecht ma nämlich, dass des sowohl körperhaltungsmäßig wie a vom Ergebnis her ganz anders ausschaut wie a Lackerl!"

„So, bitte! Des is aber jetzt ganz eindeutig! Sie zahlen sofort die 40 Euro plus 20 Euro wegen Wiederbetätigung!"

„Sicher net! Der Lumpi hat grad nur Ihren amtlichen Wunsch erfüllt! Sie ham g'sagt: Des möcht i sehn!"

„Wissen S' was? Gengan S' …"

„I waß schon, was Sie sagen wollen! Morgen wieder, morgen!"

Hunde sind ja wahrscheinlich viel intelligenter als wir glauben. Leider verstehen wir ihre Sprache nicht, und so können wir nur raten, was da alles diskutiert wird, bei so einer ...

HUNDEPLAUSCHEREI

Der Hund Arco läuft durch den Park und trifft seine Freundin Fifi, die einen schweren Einkaufskorb im Maul trägt.

„Na, womit schleppst du dich denn da ab?"

„Wawawawawawa ..."

„Ich versteh kein Wort! Stell das Zeug doch erst einmal ab!"

Fifi setzt den Korb ins Gras.

„Also, ich war wieder einmal für mein Herrl einkaufen! Am Anfang hab ich ihm nur die Zeitung gebracht, und jetzt muss ich mir sogar schon mein eigenes Hundefutter aus dem Supermarkt holen!"

„Ja, wenn man den Menschen eine Pfote gibt, dann wollen sie immer gleich den ganzen Hund!"

„Die sind ja oft so blöd! Jetzt hab ich ihnen zum Beispiel schon tausendmal meinen Ball gebracht, und sie werfen ihn immer wieder weg!"

„Bei mir ist es genau so!"

„Tust du immer, was dein Frauerl dir sagt?"

„Nein! Ich bin ja nicht ihr Mann. Einmal hab ich ganz alleine einen größeren Ausflug gemacht, da ist sie gleich zur Polizei gegangen und hat gesagt: Wenn Sie irgendwo einen Terrier sehen, dann rufen Sie Arco! Wenn er nicht darauf reagiert, dann ist er es!"

„Du hast ja in Wirklichkeit auch einen viel schöneren Namen!“

„Stimmt! In meinem Stammbaum steht Arco vom Sonnenhof!“

„Ich heiße Runter vom Diwan!“

„Unser neuer Nachbarhund hört auf Fass! Ein aggressiver Trottel! Sein Herrl hat ihn als Wachhund gekauft, und jetzt kommt der Typ seit drei Tagen nicht mehr in seine eigene Wohnung rein!“

„Der Pudel von unserer Nachbarin ist dagegen ein fauler Hund! Früher hat er seinem Frauchen noch die Leine gebracht, wenn er Gassi gehen wollte. Jetzt bringt er ihr nur mehr die Autoschlüssel!“

„Pass auf, ich muss dir was sagen …“

„Was denn?“

„Ich hoffe, du hältst mich nicht für verrückt … ich habe gestern eine Stimme gehört. Sie kam irgendwo aus meinem Fell!“

„Echt?“

„Sie hat gefragt: Gibt es Leben auf anderen Hunden?“

„Ach so! Das war bestimmt nur ein Floh! … Übrigens, siehst du? Da drüben werden gerade neue Bäume gepflanzt!“

„Super! Komm, die müssen begossen werden!“

Bleiben wir auch mit der nächsten Geschichte noch kurz im Tierreich. Große Sorgen machte sich unlängst ein kleines, für die Menschen ziemlich lästiges Insekt:

DIE LETZTE GELSE

Wolfgang saß eines Abends auf der Terrasse seines Eigenheims und wunderte sich. Normalerweise erschien da um etwa neun Uhr abends eine Armada von Gelsen, aber heute war der Luftraum völlig ruhig. Eigentlich war das ja schon längere Zeit so, fiel ihm ein. Er hatte den Insektenspray in dieser Saison noch kein einziges Mal verwendet.

Während er so nachdachte, hörte er plötzlich ein feines Sirren. Eine Gelse kreiste um Wolfgangs Kopf und landete schließlich auf der Wange, nur wenige Zentimeter neben seinem Ohr. Mit der flachen Hand holte er aus, als eine dünne Stimme rief: „Halt! Tu das nicht!"

Verwirrt blickte Wolfgang um sich.

„Ich bin's, die Gelse! Ich muss dringend mit dir reden!"

„Seit wann können Gelsen sprechen?"

„Immer schon, aber nur in Notfällen, und das ist gerade einer! Wenn du mich jetzt erschlägst, gibt es weltweit keine Gelsen mehr! Ich bin die letzte Stechmücke aus der Familie der Culicidae."

„Blödsinn, es gibt Myriaden von euch ..."

„Das war einmal, in den goldenen Zeiten! Aber nun seid ihr Menschen drauf und dran, die Schlacht mit eurem ganzen chemischen Glumpert zu gewinnen. Jeder haut auf uns hin!"

„Entschuldige, nimm's nicht persönlich, aber ihr werdet bestimmt niemandem fehlen!"

„Hast du eine Ahnung! Ich sage nur: Nahrungskette! Außerdem sind wir schon vor 170 Millionen Jahren entstanden, damals war von euch Menschen überhaupt noch keine Rede!"

„Das glaub ich nicht!"

„Schau nach im Wikipedia …"

Wolfgang griff nach seinem Smartphone, und diesen Moment der Unachtsamkeit wusste die Gelse zu nützen. Sie machte einen kräftigen Zug aus seinem Blutkreislauf und sirrte davon.

Frisch gestärkt legte sie noch am selben Tag 300 Eier in eine Wassertonne, und nach zwei Monaten gab es wieder 50.000 flotte Gelsen, aus denen in der dritten Generation bereits acht Millionen entstanden.

Die Natur war wieder im Lot, und wenn Sie an einem lauen Sommerabend demnächst von Gelsen zerstochen werden, bedanken Sie sich bei Wolfgang und Wikipedia.

Man soll ja immer versuchen, mit einer positiven Einstellung durch's Leben zu gehen. Aber das ist gar nicht so einfach, denn es gibt auf der Welt unglaublich viele …

MISANTHROPEN

„I kann dir ans sagen: Froh werd i sein, wenn Weihnachten vorbei is!"

„Da gib i dir recht! Von mir aus brauchert's des ganze Theater gar net geb'n!"

„Und Silvester mit der blöden Schießerei! Auf des kann i genauso verzichten!"

„I mach da a gar nimmer mit! Am 31. geh ma schon um neune ins Bett!"

„Furchtbar is der Fasching, was dann kommt. Mit diese ganzen Bälle und Umzüge!"

„I schau ma nur im Fernsehen den Opernball an, und *der* interessiert mi net!"

„Wir san schon seit Jahren auf kan Ball mehr g'wesen!"

„Da bin i immer froh, wenn die Fastenzeit kommt!"

„Genau! Leider dauert's nur bis Ostern, dann geht wieder des Tamtam mit die depperten Hasen los!"

„Mit dem süßen Schokozeug und die ung'sunden Eier!"

„Mir kann der ganze Frühling g'stohlen bleiben. Wegen mein Heuschnupfen!"

„I vertrag dafür die Hitz im Sommer net!"

„Fahrst halt in die Berg …"

„Bei dem fürchterlichen Urlaubsverkehr und die vün Baustellen? Na, wirklich net!"

„Im Herbst wär's diesbezüglich g'scheiter, nur macht mi der Regen und der Nebel immer glei so depressiv!"

„Der Regen geht ja no! Wirklich grauslich is erst der Schnee! Wennst schaufeln muasst, und auf der Straßen liegt der Gatsch!"

„Furchtbar! Der Winter is für mi ka Jahreszeit!"

„Und auf ja und na is wieder Weihnachten!"

„Wie i schon g'sagt hab: Froh werd i sein, wenn's vorbei is!"

„Was?"

„Na … ois!"

Es ist natürlich Blödsinn, wenn man glaubt, dass über den Weg laufende Katzen Unglück bringen. Trotzdem – sollte der Fall eingetreten sein, kann es nicht schaden, anschließend eine Weile besonders gut aufzupassen. Ähnlich beziehungsweise umgekehrt ist es mit den …

STERNSCHNUPPEN

Mit einem Feuerschweif zischt ein Meteor über den nächtlichen Sternenhimmel. Ein faszinierendes Schauspiel, aber im selben Moment wird einem auch bewusst, dass man sich jetzt ganz schnell etwas Vernünftiges wünschen müsste.

‚Also Moment!‘, denke ich. ‚Ich hätte gern den berühmten Lotto-Sechser oder meinetwegen nur einen fetten Fünfer aber dazu Gesundheit und Glück in der Liebe. Oder wenn nicht alles möglich ist, zuerst die Gesundheit und den Lottogewinn, dann wird sich die Liebe schon ergeben. Also Blödsinn, die Liebe zuerst!‘

Vorbei, die Sternschnuppe ist verglüht. Ich weiß nicht, wie viele Chancen mir durch diese Ungeschicklichkeit schon entgangen sind. Das nächste Mal muss das fixer gehen, zum Beispiel indem ich mir die wichtigen Stichworte einfach aufschreibe: Liebe, Gesundheit, Lotto.

Aber hätte ich diesen Zettel bei einer (naturgemäß unerwarteten) Schnuppe rechtzeitig zur Hand? Was ist, wenn ich gerade mit dem Fahrrad unterwegs bin, und der Zettel steckt irgendwo in der Hosentasche?

Ich hab mir also die drei Worte in die linke Handfläche tätowieren lassen, die Faust beim nächsten Meteor geöffnet … und natürlich nichts lesen können, weil es zu dunkel war. (Tagsüber hätte es wunderbar funktioniert)

Nein, vielleicht geht es nur, wenn man sich die Wünsche abgekürzt einprägt: LGL. Das Schicksal wird schon wissen, was ich mit diesen drei Buchstaben meine, es ist ja nicht blöd.

Zum Training sage ich dieses LGL seit drei Jahren bei jeder Gelegenheit vor mich hin. Man hält mich schon für übergeschnappt. Nur glauben Sie, dass ich seither auch nur der kleinsten Sternschnuppe begegnet wäre?

Falls Sie eine sehen sollten, richten Sie ihr aus, dass sie mich gern haben kann!

Ein österreichischer Politiker ist einmal ins Gerede gekommen, weil er darauf hinwies, dass alles sehr kompliziert wäre. Dabei hatte er vollkommen recht: Die Welt funktioniert eben nicht so banal, wie es uns manche weismachen wollen. Da muss man froh sein, wenn man jemanden findet, der die Zusammenhänge verständlich darstellt – einen …

EXPERTEN

„Ulrich Schwurbel, Sie haben sich in Ihrem neuesten Buch mit den gegenwärtigen Problemen gründlich auseinandergesetzt. Wie würden Sie die Situation kurz zusammenfassen?"

„Wir befinden uns am Höhepunkt einer ambivalenten Fluktuationstendenz, die durch eine emanzipatorische Kommunikationsflexibilität provoziert wurde."

„Herr Schwurbel, Sie wollen damit sagen, dass es nur wegen einer Dings soweit gekommen ist?"

„Schauen Sie: Wir instrumentieren ja im Augenblick unsere ganzheitlichen Optionen, um die Datenbasis der wachstumsrelevanten Tendenzen zu bündeln. Und das ist grundfalsch und gefährlich!"

„Natürlich! Aber was können wir in einer solchen Situation schwurbeln … also tun, Herr Schwurbel?"

„Wir müssen umgehend Sachthemen bedienen, die wieder eine synchrone Koordinationsmaximierung herstellen, und zwar durch eine tragfähige Strukturanalyse!"

„Aber, dieser Schwurbel, also diese Analyse wird ja, wie man hört, ohnehin schon strukturiert?"

„Eben nicht ausreichend, zu langsam und zu unentschlossen. Es ist fünf nach elf, wir brauchen dringend eine kreative Identifikationsphase, die punktuelle Optionen auslagert und antizyklische Lösungsansätze globalisiert! Besser gestern als vorgestern!"

„Also mit einem Wort …?"

„Eine funktionale methodische Dispositionsprofilierungstransparenz!"

„Oder noch kürzer …?"

„Motivationsrelevanz!"

„Was heißt das?"

„Weiß ich auch nicht, aber es ist kürzer!"

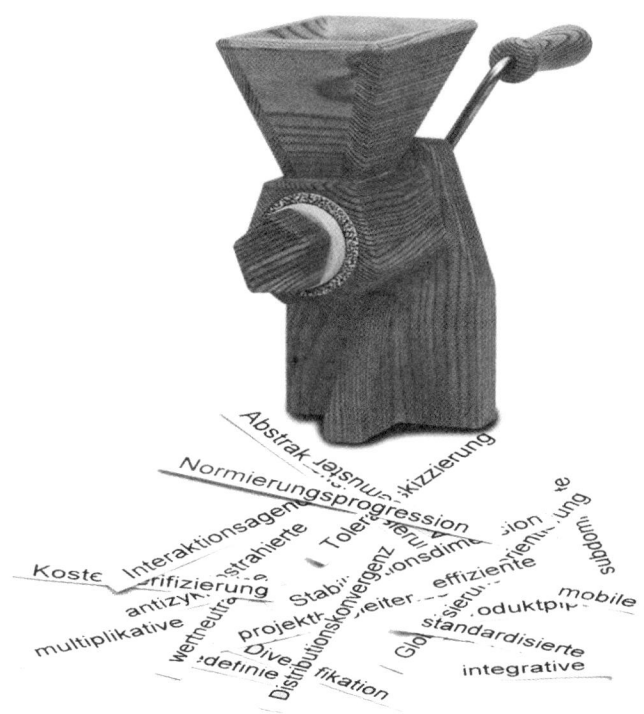

Alles ist komplex, vor allem das, was in den Köpfen der Menschen vorgeht. Da gibt es zum Beispiel das wunderbare Zusammenspiel von …

GROSSHIRN UND KLEINHIRN

Ein Auto fährt um die Ecke, und das Großhirn des Fahrers sagt zum Kleinhirn: „Wieso sind wir da jetzt abgebogen?"

„Weil wir da immer abbiegen!"

„Ich weiß! Wenn wir in die Arbeit fahren, passt es auch. Aber heute ist Sonntag, und wir machen einen Ausflug!"

„Tut mir leid! Aber du hättest ja auch daran denken können!"

„Ich habe gerade überlegt, ob wir uns nicht bald einmal ein neues Auto leisten sollten!"

„Du schmiedest irgendwelche Pläne und verlässt dich drauf, dass ich die unbewusste Routinearbeit mache. Davon hab ich langsam genug!"

„Mach dir keine Gedanken, das liegt dir nicht! Für's Denken, Kombinieren und das Gedächtnis bin ich zuständig!"

„Gedächtnis, dass ich nicht lache! Du merkst dir doch eh nichts mehr! Wenn ich nicht die ganze Automatik in diesem Menschen betreuen würde, könntest du dir deine Hirngespinste gar nicht leisten!"

„Ich will jetzt nicht streiten, sondern diesen Ausflug machen. Also, wir drehen um und fahren Richtung Wanderweg!"

„Super, ich bin schon neugierig, ob wir uns beim Spazierengehen wieder so verlaufen wie beim letzten Mal!"

„Das war Pech! Beim Marschieren kommt man halt gern ins

Träumen. Außerdem muss ich ja alle Sinneseindrücke verarbeiten!"

„Was musst du da viel verarbeiten? Hast du noch nie einen Wald gesehen?"

„Schon, aber da lauern eine Menge Gefahren!"

„Gefahren! Ich lach mich kaputt!"

Mitten im Reversieren starb dem Fahrer der Motor ab, weil er zu wenig Gas gegeben hatte. Schwer verkehrsbehindernd stand er mitten auf der Straße, und seine freche Tochter sagte:

„Gell? Beim Autofahren merkt man, dass das Hirn im Alter nicht mehr so gut arbeitet wie früher!"

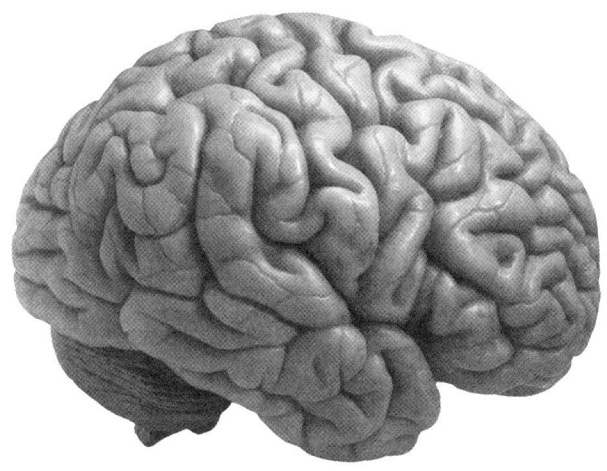

Um weder das Kleinhirn noch das Großhirn bemühen zu müssen, bedienen sich Autofahrer und -innen gerne der Satellitennavigation. Ich hätte es oft schon beinahe rausgeschmissen:

MEIN NAVI *(Lied)*

Mein Navi schickt mich quer durch's ganze Land,
die Strecke ist mir völlig unbekannt,
nur hie und da drei Häuser, und die Straße ist ein Graus,
dabei wollt ich nur einfach schnell nach Haus.

In Sauwies bieg ich nach der Feuerwehr
nach rechts, wo ich ein Maisfeld überquer,
danach geht's durch an Bauernhof und einen Hühnerstall,
das is doch bitte irg'ndwie nicht normal!

Bei Oberkuhflad-Astelreith, da hätte ich mich bald
verirrt in einem finst'ren Hexenwald,
vor Niedergroßholzkirchen plötzlich bessert sich die Sicht,
und ich komm wieder an das Tageslicht!

Wie ich so über eine Brücke fahr,
erblicke ich, das glaubt kein Mensch fürwahr,
die Autobahn, vielleicht kaum sieben Meter unter mir,
doch keine Auffahrt führt mich hier zu ihr!

Kurz darauf bin ich in St.Nirgendwo am Nierenstein,
mein Navi sagt mir: „Biegen Sie hier ein!
Und läuten Sie wo an, vielleicht ist irgendwer zu Haus,
ich kenn mich nämlich selber nicht mehr aus!"

Im Dorf ist niemand da, es ist zu dumm,
so irr ich immer noch im Kreis herum
und denk mir, heute hat die Suche eh schon keinen Wert,
ich geb, wo ich grad bin, jetzt ein Konzert!

Die Elektronik wird beim Autofahren in Zukunft bestimmt eine noch größere Rolle spielen als bisher. Früher oder später brauchen wir garantiert eine …

STAUPLANUNGSAKTIEN-GESELLSCHAFT

„STAUPAG, guten Tag, was kann ich für Sie tun?"

„Stimmt des, dass ma jetzt jede Autofahrt bei Ihnen anmelden muss?"

„Richtig! Seit voriger Wochen muss jede Fahrt bei uns ang'fragt werden! Und wir schauen dann nach, ob ma ihren Wunsch erfüllen können!"

„Ja, also i wär gern morgen um elf von der Wiener Paniglgassen nach Dürnstein g'fahren!"

„Mein lieber Herr! Morgen hamma gar nix mehr frei! Die Straßen san völlig ausgelastet!"

„Aber a anziger PKW wird doch da ka Rollen spiel'n!"

„Schaun S', wenn des jeder sagt, dann steht die Partie wieder so wie in die letzten Jahr. Übermorgen um 19.35 Uhr hätt i no an Slot zum vergeben. Da waraten S' staufrei um 20.40 in Dürnstein!"

„Das nutzt ma dann nix mehr, i muss nämlich zu einer Hochzeit! Außerdem hab i übermorgen ka Zeit!"

„Nächste Wochen wär i no sehr flexibel!"

„Könnten S' mi net z'ruckrufen, wenn wer ausfallt?"

„Des geht nur, wenn's Ihr Fahrt über unsere Internetseiten buchen. Dort geben S' Start und Ziel ein, und Sie erfahren per Mail immer den frühestmöglichen Termin!"

„Na des is a Service!"

„Gellen S'? Aber i sag Ihnen glei, die meisten Leut san solche Trotteln, dass' uns des gar net melden, wenn's dann doch net fahr'n! Da können S' Ihnen dann bei denen bedanken!"

„Passen S' auf! Dass ma zu an End kommen: I buch jetzt den Samstag in aner Wochen, und i schau, dass ma die Hochzeit verschieben!"

„Des wird des einfachste sein!"

Nicht nur für Frauen ist die Geburt eines Kindes ein einschneidendes Erlebnis. Auch Männer verändern sich zumeist, wenn sie Väter werden. Plötzlich begeistern sie sich für ganz andere Dinge, zum Beispiel für …

SCHICKE KINDERWÄGEN

„Na Servas! Gratuliere! Du hast aber an Superschlitten!"

„Stell dir vor! I hab den ganz günstig erstanden. Des is a amerikanischer Kinderwagen aus die Fuffziger Jahr! Aber frage nicht, wie der ausg'schaut hat!"

„Hast viel machen müssen?"

„Na was haßt! I hab des ganze Wagerl in Einzelteile zerlegt, sandg'strahlt, g'schwaßt und neu lackiert. Des offene Verdeck hab i ma von an Tapezierer renovieren lassen. Aber deiner is a net schlecht!"

„Kann ma wohl sagen! I hab die Karosserie tiefer g'legt und härtere Federn einbaut und dadurch jetzt a viel besseres Kurvenverhalten!"

„Was fahrt er denn so?"

„13 Kilometer in der Stund. Aber des kommt natürlich drauf an, wie i grad in Form bin!"

„Meiner is dafür bequemer. Kotflügel auf alle vier Radeln, tipp topp neu verchromt!"

„Und was is des?"

„A Radio mit mp3-Player! Spielt die schönsten Kinderlieder zum Durchschlafen!"

„Na, mei Kind soll a bisserl sportlicher werd'n. Hast scho meine Nebelscheinwerfer und meine Alufelgen g'sehn?"

„Soll i dir mei Kompressorfolgetonhorn vorführen? Mit dem macht des Spazierengehn glei viel mehr Spaß!"

„Um Gottes Willen, da weckst ja dein Kind auf!"

„Des hat ma mei Frau gar net mitgeb'n, weil sie sagt, dass des Wagerl peinlich is! Aber *dei* Kind tät i gern amal sehn!"

„Mein's hab i a net mit. Weil der Spaziergang no a Testfahrt is!"

Es wird immer schwieriger, einen finanziell halbwegs lukrativen und interessanten Job zu finden. Aber vielleicht muss man nur den Mut haben, etwas Ausgefallenes zu probieren. Haben Sie's zum Beispiel schon einmal als Stromzähler versucht, als Türstopper oder Aktenordner? Es gibt noch eine Menge anderer, derartiger …

BERUFE

„Was arbeitest du eigentlich?"

„I bin momentan Bewegungsmelder!"

„Viel zum tuan?"

„Net so arg! I meld die Bewegungen im Hotel zum Sonnenblick."

„Des hat ja schon vor Monaten zug'sperrt!"

„Eben!"

„Da geht's dir besser wie mir! I bin grad Seifenspender und war vorher a Zeit lang Scheibenwischer. Aber da wirst ja ganz schwindlig!"

„Mit an einzigen Job kommst a heute nimmer durch! Deswegen fang i morgen teilzeitmäßig als Kugelschreiber und Bleistiftspitzer an!"

„Tja, Büstenhalter sollt ma werden oder wenigstens Weichspüler!"

„Solche Traumberufe san leider selten! I wollt's schon einmal als Stehleiter probieren, aber dafür bin i z'klan!"

„In Amerika müsst ma sein! Da kannst di vom Fußabstreifer zum Alleskleber hocharbeiten und mit an bissel Glück sogar bis zum Wolkenkratzer!"

„I wär ja eher für die technischen Sachen. Stoßdämpfer könnt i ma vorstellen, Akkuschrauber oder Lautsprecher!"

„Mir wär am liebsten was Sportliches! Hobbymäßig bin i ja Kokosläufer, Fensterheber und Wasserwerfer!"

„I versuch mi in meiner Freizeit gern als Dosenöffner und Korkenzieher!"

„Sehr schön, an Durstlöscher kann ma immer brauchen!"

„Nur zum Hauptschalter bring i's wahrscheinlich nie!"

„Mach dir nix draus! Es is noch kein Suppenschöpfer vom Himmel g'fallen!"

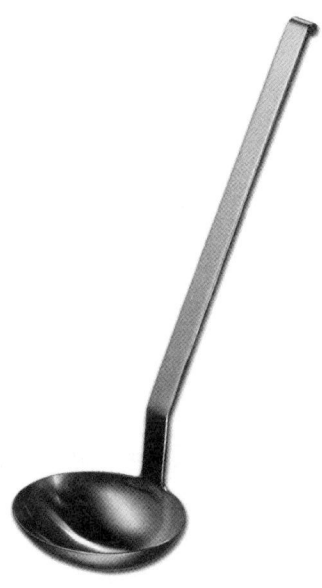

Es gibt einen Beruf, der ist völlig krisensicher. Man kann ihn überall ausüben, und er ist heutzutage weiter verbreitet als man denkt. Denn fast …

JEDER IST KABARETTIST

Die Stimmung war gut und der Saal ausverkauft – so wie immer, wenn ein Kabarettist auftrat, den man vom Fernsehen kannte. Der heutige Star des Abends war erst vor kurzem in einem TV-Rateteam gesessen und hatte drei witzige Bemerkungen gemacht, er galt also im Augenblick als absoluter Publikumsliebling.

Im Saal wurde es finster, das Gemurmel der Besucher wich erwartungsvoller Stille, und schon betrat der berühmte Kabarettist die Bühne.

Von Anfang an hatte er die Massen im Griff, denn seine Dramaturgie war bestechend einfach und wirkungsvoll. Er erzählte aus seinem Leben: Wie ihn auf dem Weg zu diesem Auftritt die Polizei angehalten hatte, dass seine Beziehung gerade wieder einmal gescheitert war und ähnlich witzige Dinge.

Das Publikum lachte schon bei den schwächsten Pointen und Grimassen, denn es hatte ja gar nicht wenig Eintritt bezahlt und war deshalb schon allein aus ökonomischen Gründen wild entschlossen, sich zu unterhalten.

Nach zehn Minuten machte der Kabarettist allerdings einen Fehler. Er wollte das Publikum mit einbeziehen, holte einen jungen Mann aus der zweiten Reihe auf die Bühne und verwickelte ihn in ein Gespräch.

Schnell stellte sich heraus, dass der Typ ebenfalls viel zu erzählen hatte, denn auch er war Kabarettist und erst kürzlich bei irgendwelchen Kabarett-Tagen mit der begehrten Goldenen Lachwurzen ausgezeichnet worden. Ohne viel zu fragen schnappte sich der Neue das Mikrofon und begann aus seinem Leben zu erzählen.

Er würzte seinen Vortrag mit den ältesten Blondinen-, Beamten- und Burgenländerwitzen, und alle lachten – bis auf eine energische blonde Frau. Die stürmte auf die Bühne, erklärte, dass sie Kabarettistin sei und erzählte aus ihrem Leben: von irgendwelchen Macho-Idioten in ihrem Freundeskreis, beinhart bissig und relativ unlustig.

Das forderte einen pseudointellektuellen Schnösel heraus, das Mikrofon zu übernehmen und ansatzlos aus seinem Leben zu erzählen. Er war ebenfalls Kabarettist und verhedderte sich bald in einem Gewirr von hochkomplizierten, unverständlichen Sätzen.

So ging es weiter. Erst knapp vor dem Ende des Abends gelang es dem ursprünglich engagierten Künstler noch einmal zu Wort zu kommen. Sichtlich genervt stellte er dem Publikum die durchaus berechtigte Frage, ob es im Saal vielleicht auch irgendjemanden gäbe, der *kein* Kabarettist wäre. Niemand meldete sich.

Sie können das nicht glauben? Ich kann Ihnen versichern, auch Sie sind Kabarettist! Sie wissen es nur noch nicht! Alles was Sie tun müssen, ist auf die Bühne gehen und aus Ihrem Leben erzählen. Und keine Scheu vor Banalitäten und Langeweile!

Bei aller Liebe zum Kabarett, wo ist denn eigentlich die feine, sensible Dichtkunst geblieben? Ich möchte mir nicht vorwerfen lassen, sie zu ignorieren. Im Gegenteil. Hier ist eine kleine Kostprobe meiner ...

LYRIK

Damals, wie i so g'schaut hab,
in Himmel,
in die Wolken,
damals, wie i so g'schaut hab –
da bin i über'n Kanaldeckel g'flogen.

Wenn ma auf'm Bankerl sitzt
und die Tauben füttert,
wenn ma sie füttert,
die Tauben,
am Bankerl,
wenn ma sitzt und sitzt
und füttert und füttert –
dann kann's schon sein,
dass' an nachher am Kopf scheißen.

Wenn i damals g'wusst hätt,
dass der Besen,
was damals neben dem Haustor g'lahnt is,
einfach so, wo normalerweis nie a Besen lahnt,
weil ma an Besen net so lahnen lasst.
Also, wenn i damals g'wusst hätt,
dass der Besen neben dem Haustor
wegen die Dachlawinen war –
wär i ganz schnell weitergangen!

Locker über den Heizkörper geworfen,
mit feuchten Spuren des letzten Gebrauchs,
allmählich trocknend,
aus Prinzip darüber schweigend,
da zu sein für nasse Haut,
warm und trocken in Reichweite derer,
die aus Duschen und Wannen steigen.
Das ist die beneidenswert klare Bestimmung
meines Frotteehandtuchs.

Des Leben is oft wie a Wurstsemmerl,
wie a dickes, fettes Wurstsemmerl
mit an Gurkerl drin.
Und je mehr du darüber nachdenkst,
über des Wurstsemmerl und über's Leben,
desto mehr wird dir bewusst,
dass der Vergleich von dem Wurstsemmerl mit'm Leben,
also, dass dieser Vergleich
unhamlich deppert is!

Apropos Wurstsemmerl. Lebensmittel müssen ja inzwischen ganz genau gekennzeichnet werden. Wegen der …

ALLERGIEN

Ein Ehepaar geht ins Gasthaus.

„Guten Abend die Herrschaften, was darf i bringen?"

„Die Speiskarten, bitte!"

„Vielleicht ein kleiner Allergietest vorweg?"

„Danke nein, den hab i erst gestern g'habt, aber vielleicht meine Frau …"

Diese wendet sich an den Kellner: „Dauert des länger?"

„Höchstens fünf Minuten …"

„Also, dann bitte, einmal Allergietest für mich."

Der Kellner nickt. „Für den Herrn vielleicht ein Glaserl Antihistaminikum?"

„Ja, des klingt gut, aber bitte ohne Cortison."

„Gerne! Sehr empfehlen kann ich heute den Karpfen. Ganz frisch, er kann aber auch Spuren von Fisch enthalten!"

„Oh je!"

„Wirklich ohne Fisch is nur der Räucherlachs."

„Was is beim Schnitzerl dabei?"

„A wie Gluten, C wie Ei und G wie Lactose!"

„Ich mein, welcher Salat!?"

„Erdäpfelsalat … mit M wie Senf!"

„Dann bringen S' ma a Gulasch! Und dazu a resches E 472e mit

Sojalecithin, Verdickungsmittel, unjodiertem Speisesalz, Säure-
regulator und Enzymen, Weizenmehl und Hefe!"

„Versteh, a Salzstangerl. Bitte sehr, bitte gleich!"

Sie kommen ja leider ganz selten vor. Ein paar Stunden, in denen man gerade nichts zu tun hat. Was ich meine ist …

EIN GEMÜTLICHER TAG

„Hamma heute was?", fragte Robert seine Renate beim Frühstück am Samstag Morgen. Sie waren erst vor kurzem ins neue Haus übersiedelt und freuten sich, endlich in Ruhe auf der eigenen Terrasse zu sitzen.

„Nicht dass ich wüsste."

„Herrlich! Dann mach ma's uns heut einmal richtig gemütlich!"

„Wir könnten ja den neuen Griller anwerfen!"

„Wunderbare Idee! Ich hol ihn gleich vom Keller rauf!"

„Und ich schau, ob noch ein paar Würstel in der Tiefkühltruhe sind!"

Gut gelaunt machten sich die beiden ans Werk. Nach einer Weile rief Renate:

„Für die Grillerei muss ich leider nach was einkaufen. Koteletts oder Würstel?"

„Beides! Wo ist übrigens der Rost vom Griller?"

„Keine Ahnung, wo du ihn hingeben hast!"

Mit diesen Worten setzte sie sich ins Auto, und Roland suchte weiter erfolglos nach dem verdammten Eisengitter, im Keller und im Gartenhaus.

„Soll ich Ihnen unseren Griller borgen?", rief Nachbar Heinzelmann über die Büsche, und kurz entschlossen nahm Robert das Angebot an.

Heinzelmanns Luxus-Griller wurde herübergerollt, und Robert

fragte höflichkeitshalber: „Wollt's ihr nicht auch zum Essen kommen?"

Er hätte ein „Nein Danke! Wir haben schon was vor!" hören wollen, aber der Nachbar antwortete: „Gerne! Ich bring die Getränke!"

„Bitte kauf ein, was gut und teuer ist, Heinzelmanns von nebenan essen auch bei uns!", instruierte Robert wenig später seine Frau am Handy.

„Geh bitte!", stöhnte Renate. „Der redet doch die ganze Zeit nur über seine Motorradeln!"

„Dann lad ich Reitingers von gegenüber einfach dazu! Die geben doch immer mit ihren Kreuzfahrten an. Das neutralisiert sich vielleicht!"

Auch Familie Reitinger tanzte an, unklar ist aber bis heute, welcher Witzbold anschließend ‚Gasselfest – Herzlich willkommen!' auf's Garagentor malte. Da Robert und Renate zur Straße hin noch keinen Zaun hatten, strömten nach und nach Besucher aus der ganzen Umgebung in ihren Garten, beladen mit Bierkisten, selbstgemachten Salaten und Mehlspeisen.

„Wo gibt's denn da a Steckdosen?", fragte jemand, der eine ganze Musikanlage mitgebracht hatte, und Renate zeigte wortlos zur Terrasse. Fassungslos beobachtete sie mit Robert das Treiben in ihrem Garten und tröstete sich nur damit, dass noch keine Blumen angepflanzt waren.

Als das impovisierte Fest lange nach Mitternacht zu Ende ging, sagte einer der letzten, ziemlich illuminierten Gäste zu ihnen: „Seid's ihr die, was da wohnen? Gombliment! Es war ein sssuper g'miatlicher Tag!"

Eines hat es auf Roberts und Renates unfreiwilliger Gartenparty nicht gegeben. Oder vielleicht eh, und es war gleich wieder aus, das …

MOUSSE AU CHOCOLAT

Die Tante Trude kocht heut auf,
von Kürbis-Creme und Lachsauflauf
bis Tafelspitz und Entenbrust,
sie macht's mit Liebe, Herz und Lust.
Allein das Mousse au Chocolat,
geht sich jetzt nicht mehr aus, doch da
fällt Trude ein, na Gott sei Dank,
hat sie ein Fertigmousse im Schrank.
Sie denkt sich zwar: ,Das ist sehr schad,
ich hab schon kauft die Schokolad,
doch dass ich das nicht selbst gemacht,
merkt keiner, das wär doch gelacht!'
Der Abend wird ein großes Fest,
wo jeder es sich schmecken lässt.
Und Onkel Paul, der spricht es aus:
„Das Essen war ein Götterschmaus,
am besten allerdings zum Schluss
das Super-Schokoladenmousse!"

Verkaufspsychologie ist eine eigene Wissenschaft. Man kann alles verkaufen, wenn es nur richtig angepriesen wird. Erst recht bei einer ...

WERBEFAHRT

„Herzlich willkommen, meine Damen und Herren, zu unserer einmaligen Produktpräsentation in Esbästäk-Tällärwäsch ...“

„Gibt's net erst des Schnitzel? In Ihrem Flugblattel steht doch *Romantischer Ausflug mit Riesenschnitzel und Schwarzwälder Kirschtorte!*“

„Erst der Spaß und dann das Vergnügen, meine Damen und Herren! Bevor das Essen serviert wird, darf ich Ihnen noch zeigen, was Sie heute zu absoluten Tiefstpreisen bei uns erwerben können! Sie wissen ja, die Krankenkassen wollen heutzutage nichts mehr bezahlen, und deshalb haben Sie hier die einmalige Gelegenheit, sich selbst etwas Gutes zu tun!“

„Aber das Schnitzel ...“

„Danke für das Stichwort! Das Schnitzel ist möglicherweise ein bisserl zäh, deshalb gibt's bei uns für solche Fälle die Dritten Zähne aus dem Hause Piranha. Beißen garantiert alles von der Schwarzwälder Kirschtorte bis zum Stahlseil!“

„Aber passen die auch?“

„Unser Piranha-Gebiss ist stufenlos einstellbar! Bei Ihrem Zahnarzt würden Sie's gar nicht kriegen, und wenn doch, müssten Sie dafür 5.000 Euro bezahlen. Bei uns kostet das Piranha-Delux-Supergebiss nicht 4.000, nicht 3.000, sondern sage und schreibe nur 6.000 Euro! Und weil wir heute in Esbästäk-Tällär-wäsch sind und ich Sie alle so sympathisch finde, gibt's dieses künstliche Kniegelenk noch gratis dazu!“

„Dafür hab ich keine Verwendung!"

„Das glauben Sie nur! Spätestens in einem Jahr werden Sie glücklich sein, dass Sie es heute schon gekauft haben. Noch dazu in Verbindung mit unserem Extra-Geschenk, dem sensationellen neuen Hörgerät Audio-Turbokreisch!"

„Das versteh ich nicht …"

„Eben, deshalb ist dieses Hörgerät wie für Sie geschaffen!"

„Ich hätte gerne nur das Kniegelenk!"

„Das gibt's jetzt auch in Kombination mit unserem Herzschrittmacher Modell Heartbreaker und dem großartigen Silikon-Busenimplantat Pamela, um das Sie alle beneiden werden. Normalerweise um 1.000 Euro, heute ausnahmsweise um 2.000, weil wir gerade in Esbästäk-Tällärwäsch so gemütlich zusammensitzen und Sie mir so sympathisch sind!"

„Ich nehm's!"

„Was jetzt?"

„Dieses Riesenschnitzel mit der Schwarzwälder Kirschtorte."

Es ist schon so, dass man die Qualität eines gastronomischen Betriebes nicht zuletzt nach dem Zustand seiner Toilettenanlagen beurteilen kann. Aber was ist von einem Lokal zu halten, in dem die Gäste ratlos vor den Wasserhähnen stehen?

IM WASCHRAUM

Ein Herr, nennen wir ihn kurz WC-Benutzer 1, hatte gerade den Waschraum des schicken neuen Restaurants betreten und bemerkte verwundert, wie ein anderer Mann (WC-Benutzer 2) vor den Wasserbecken an der gegenüberliegenden Wand einen seltsamen Ausdruckstanz vollführte. Auf geraden und kreisförmigen Bahnen zog er seine Hände an einem Wasserhahn vorbei und machte dabei ein konzentriertes Gesicht. Da bemerkte er WC-Benutzer 1 im Spiegel und erstarrte.

„Keine Sorge!", sagte er etwas verlegen. „Ich möchte schlicht und einfach das Wasser aufdrehen, um mir die Hände zu waschen, aber das ist hier schwieriger als man denkt!"

„Ja, das sind diese Designer-Armaturen! Schauen schick aus, aber man erkennt nicht auf den ersten Blick, wie sie funktionieren!", antwortete Benutzer 1 verständnisvoll und versuchte an einem anderen Wasserhahn sein überlegenes technisches Verständnis zu demonstrieren.

„Man muss hier einfach irgendwo drücken oder drehen!", sagte er und betastete den Wasserhahn wie einen außerirdischen Gegenstand von allen Seiten. Er fand absolut nichts, was sich bewegen ließ, woraufhin Benutzer 2 eine gewisse Schadenfreude kaum unterdrücken konnte. Er stellte fest: „Nein, nein, so geht das nicht! Diese neumodischen Dinger haben einen elektronischen Näherungsschalter. Das ist doch klar!", und fuhr mit seinen skurrilen Beschwörungstänzen fort.

Inzwischen hatte sich auch ein dritter WC-Benutzer eingefunden und schnell einen Lösungsvorschlag parat.

„Wenn's oben auf der Armatur net geht, dann wird's wahrscheinlich einen Druckknopf am Boden geben!" Und er begann den Fliesenboden diesbezüglich abzusuchen. Dazu ging er auf die Knie und inspizierte auch die Unterseite der Waschbecken.

„Papa, was machen denn die Männer da?", fragte der zehnjährige Sohn eines neu eingetretenen vierten Benutzers. „Haben die draußen nicht das Schild gelesen, dass der Waschraum außer Betrieb ist?"

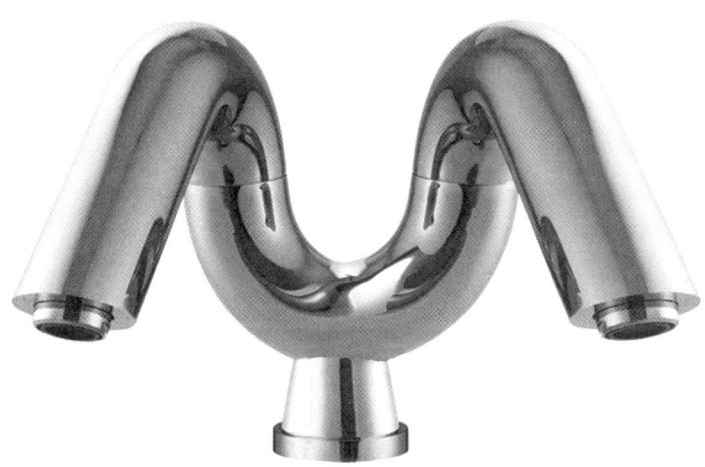

Die Kleinen sind meistens schlauer als man denkt. Das merkt man schon, wenn man sie ein bisserl ausfragt, über …

DIE LIEBE SCHULE

„Na, Leonie, gehst du gerne in die Schule?"

„Opa, es ist so: Ich geh gerne hin und noch lieber wieder nach Haus. Nur die Zeit dazwischen macht mir manchmal Sorgen!"

„Was denn besonders?"

„Englisch, zum Beispiel!"

„Aber das ist eine wichtige Fremdsprache. Die halbe Welt spricht Englisch!"

„Na, das muss doch genügen!"

„Und was ist mit Deutsch?"

„Da haben wir einen nicht sehr einfallsreichen Lehrer! Gleich am ersten Schultag wollte er wissen, was ich in den Ferien erlebt habe …"

„Und?"

„Ich hab gesagt: Machen Sie sich keine Hoffnungen,es reicht auf keinen Fall für einen Aufsatz!"

„Macht dir Mathematik mehr Freude?"

„Nicht unbedingt! Es ist sehr verwirrend: Einmal ergibt fünf und fünf zehn, dann wieder sechs und vier!"

„Und Geschichte?"

„Da bin ich nicht besonders gut. Weil die Lehrerin immer nach Sachen fragt, die lange vor meiner Geburt passiert sind!"

„Was ist mit Geografie?"

„Da bin ich genauso unbegabt wie Papa! Ich wollt einmal von ihm wissen, wo die Seychellen liegen!"

„Und?"

„Er hat gesagt: Keine Ahnung! Du weißt ja, wenn Mama aufräumt, findet man nichts mehr!"

„Pass auf, Leonie! Zu meinem nächsten Geburtstag wünsch ich mir von dir ganz einfach ein gutes Zeugnis!"

„Zu spät, ich hab dir leider schon ein Lesezeichen gebastelt!"

Kinder bringen die Erwachsenen oft auf interessante Ideen, und so machte auch ein bis dahin unbekannter Wissenschaftler unlängst eine bemerkenswerte …

PHYSIKALISCHE ENTDECKUNG

„Ich muss ins Institut!", sagte Professor Forsch zu seiner fünfzehnjährigen Tochter. „Wenn du gefrühstückt hast, geh bitte eine Runde mit dem Hund spazieren!"

„Ja-ha …", antwortete die Tochter. Sie lag noch im Bett und tippte am Laptop herum. „Ich schau nur einen Augenblick in meine Mails …"

Für Professor Forsch wurde es ein anstrengender Tag mit mehreren Vorlesungen und einer Sitzung, und als er wieder nach Hause kam, lag seine Tochter immer noch im Bett und klappte gerade ihren Computer zu.

„Warst du mit dem Hund spazieren?", fragte er.

„Noch nicht, ich wollte zuerst noch frühstücken …"

„Es ist sechs Uhr abends!!", brach es aus Professor Forsch hervor, aber er bekam nur ein desinteressiertes „Aha …" zu hören.

Forsch ärgerte sich, doch dann wurde ihm plötzlich klar, dass er gerade eine der genialsten Entdeckungen seit Einsteins Relativitätstheorie gemacht hatte. Er war Zeuge einer Diskontinuität des Raum-Zeit-Gefüges geworden. Während er selbst neun Stunden außerhalb seiner Wohnung verbracht hatte, war vor dem Laptop seiner Tochter nur ein Augenblick vergangen.

Das musste er unter Laborbedingungen unbedingt nachvollziehen. Für sein Experiment engagierte er zwei Jugendliche, die einen Monat lang keinen Computer verwenden durften und zwei weitere, die im Internet ganz einfach nach dem Geburtstag von

Mozart suchen sollten. Das dauert ja im Normalfall wirklich nur einen Augenblick.

Als Professor Forsch von seinem Sommerurlaub im Salzkammergut zurückkehrte, erfuhr er, dass sich die zwei Versuchspersonen ohne Computer inzwischen ineinander verliebt und eine gemeinsame Wohnung bezogen hatten. Die zwei anderen Kandidaten saßen zwischen Bergen von leeren Fastfoodschachteln und starrten auf ihre Bildschirme. Endlich bemerkte einer, dass der Professor das Zimmer betreten hatte und sagte: „Ach Sie sind's! Nur einen kleinen Moment, ich schau noch schnell wegen dem Mozart nach."

Es ist heute eigentlich unvorstellbar, was die Menschen noch vor zwei oder drei Jahrzehnten ohne ihre Handys gemacht haben. Nicht nur zum Telefonieren braucht man sie heute, sondern auch wegen der vielen …

SUPER-APPS

„Gibt's was Neues auf dein Handy?"

„Ja, i hab jetzt a supere Kalender-App. Da gibst alle Termine ein, und die unangenehmen werden automatisch g'löscht!"

„I hab seit kurzem was ganz Praktisches zum Autofahren. Des Symbol is a ausg'streckter Mittelfinger!"

„Was kann des?"

„Du fotografierst ganz einfach des Kennzeichen von dem Trottel, der dich grad deppert überholt hat, und er kriegt automatisch deine guten Wünsche auf sei Handy übermittelt!"

„Ordinär?"

„Was glaubst du!"

„Da hab i no was Besseres, die Wunschlese App: Du haltst die Kamera auf des G'sicht von deiner Frau und erfahrst, was sie sich grad denkt!"

„Sehr praktisch! I hab so was Ähnliches. Des Programm verfolgt aktuell die Positionen von Ehefrau und Freundin und gibt automatisch Alarm, wenn sich die zwa zu nahe kommen!"

„Sowas brauch i net!"

„I natürlich a net! Deswegen verwend i a die neue Seeligsprechungs-App. Da gibts für jede gute Tat an Punkt. Und wennst hundert beieinander hast, wirst dem Papst zur Seeligsprechung vorg'schlagen!"

„Super! Aber was sagst zu meiner App ‚Der kleine Hypochonder‘? Man gibt seine momentanen Beschwerden ein und kriegt die Adressen von denen, die glauben, genau dasselbe zu haben!“

„Waßt was momentan voll beliebt is? Das Kleine Einmaleins. Wer kann des heutzutag no auswendig?“

„Na gut, dann zeig i dir jetzt mei absolute Spitzen-App. Mit der kannst in Echtzeit mit jedem reden, der sich in Hörweite befindet. Und des funktioniert sogar, wenn des Handy abdreht is!“

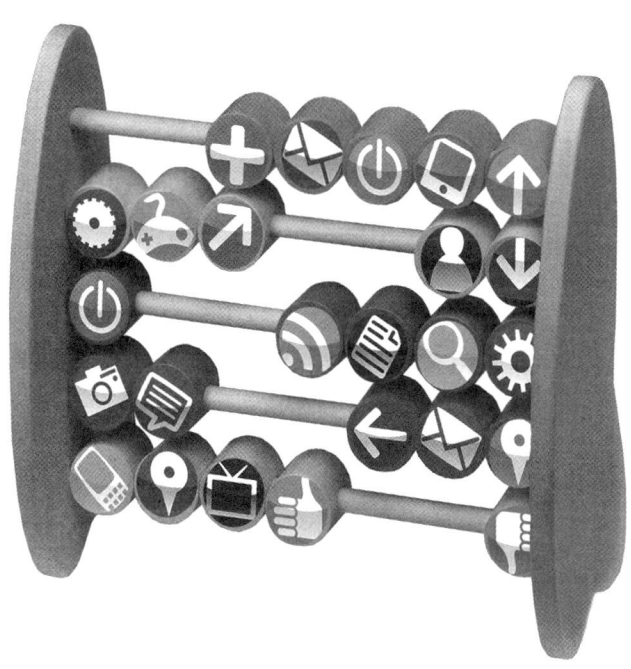

Natürlich brauchen so gut wie alle Annehmlichkeiten unseres heutigen Lebens Strom. Das kann teuer sein und sogar zum volkswirtschaftlichen Problem werden. Deshalb gibt es …

ENERGIESPARLAMPEN

Es gibt ja leider immer noch viele Menschen, denen das Glühlampenverbot der EU völlig egal ist. Aus dubiosen Quellen kaufen sie sich weiterhin die alten Birnen und pfeifen auf's Energiesparen.

Bei mir ist das anders. Ich habe alle Beleuchtungskörper der Wohnung mit diesen kleinen zusammengefalteten Leuchtstoffröhrchen bestückt und darf mich jetzt über eine (leider kaum spürbare) Stromersparnis freuen. Aber auch in meinen Lebensgewohnheiten haben sich einige kleine Veränderungen ergeben.

Beim Einbruch der Dunkelheit schalte ich vorsorglich immer schon die Lampen im Vorzimmer und WC ein, denn wenn es einmal schnell gehen muss, kann ich nicht darauf warten, dass die Energiesparlampe eine ausreichende Helligkeit entwickelt. Und was die anderen Räume betrifft, habe ich mir einen grundsätzlichen Nutzungsplan zurechtgelegt, damit die Räume immer schon hell sind, wenn ich sie betrete.

Das Licht in der Küche muss ich zum Beispiel schon um halb sieben aufdrehen, wenn ich mir um sieben ein Brot streichen will, und die Nachtkastellampe um halb zehn, wenn ich um zehn noch lesen möchte. Ich hab mir bereits überlegt, bei jeder Lampe auch eine Zeitschaltuhr zu installieren. Dann müsste ich an die ganze Schalterei nicht mehr denken, spontane Aktionen wären so allerdings unmöglich.

Sehr unangenehm sind Störungen meines lichttechnischen Tagesablaufs. Unlängst wollte ich eine Energiesparlampe wechseln, weil sie auch nach einstündiger Anlaufzeit kein brauchbares Licht gab, und dabei fiel sie mir blöderweise runter. Damit wurde ein Notfallplan wirksam, den ich in jedem Zimmer griffbereit liegen habe. Er lautet (übrigens ganz im Ernst):

• Die Quecksilberbelastung kann beim Lampenbruch um das 20-fache steigen. Fenster auf, Menschen und Haustiere für 20 Minuten evakuieren.

• Beim Aufklauben der Scherben direkten Hautkontakt vermeiden

• Alle Rückstände in ein luftdichtes Konservenglas geben und als gefährlichen Sondermüll behandeln.

Völlig problemlos sind Energiesparlampen eben leider nicht. Deshalb überlege ich mir schon, sie durch LED-Lampen zu ersetzen. Das ist halt eine Kostenfrage, aber wenn ich meine Wohnung verkaufe, kann ich diese Umstellung locker finanzieren.

Wenn wir schon von Energieverbrauchern reden – einer brummt
und gluckert gemütlich vor sich hin: der …

GESCHIRRSPÜLER

Paul ist ein moderner Mann,
hilft im Haushalt wo er kann,
putzt die Schuhe, kehrt das Laub,
macht die Betten, saugt den Staub,
und er räumt tagaus, tagein
auch den G'schirrspüler gern ein.
Doch grad das, was sagt man jetzt,
wird oft gar nicht so geschätzt
von der Karin, seiner Frau,
denn die ist da sehr genau:
„Das Besteck", sagt sie, „gehört
in die Lad grad umgekehrt,
und die Teller, wie ich's mach,
reingestellt der Größe nach!"
Spricht's und ordnet alles um.
Paul, der ärgert sich darum,
denn es kommt nach seinem Plan
nur auf eines wirklich an:
Dass man möglichst viel verstaut,
und das sagt er oft auch laut.
Sonst sind Paul und Karin ja
ein harmonisch nettes Paar,
doch wenn's um den Abwasch geht,
wird die Partnerschaft zum G'frett.
Besser g'sagt, so war's bis heut,
denn man sieht, wie Paul sich freut:
Er bekam zum Vierziger
einen eig'nen G'schirrspüler!

Ist im Haushalt einmal was kaputt oder benötigt man sonst eine Hilfeleistung, dann wendet man sich natürlich zuerst an eine …

TELEFONISCHE KUNDEN-
BETREUUNG

Angenehme Musik und eine ebenso samtweiche weibliche Stimme:

„Herzlich willkommen im Service-Center für persönliche Kundenbetreuung. Unsere Mitarbeiter und Mitarbeiterinnen freuen sich schon darauf, Ihre Anfrage beantworten zu dürfen. Im Augenblick sind jedoch alle mit anderen Kundengesprächen beschäftigt, auf die sie sich natürlich auch gefreut haben. Wir bemühen uns um Ihr wichtiges Anliegen, sobald eine Leitung frei ist!"

Sprung zurück an den Anfang der angenehmen Musik und danach wieder die bereits bekannte schöne Stimme:

„Ein Mitarbeiter oder eine Mitarbeiterin unseres Service Centers für persönliche Kundenbetreuung wird sich in Kürze melden. Wir brennen schon darauf, Ihr Problem zu lösen, denn Sie zufriedenzustellen ist uns das Allerwichtigste. Haben Sie nur noch einen Augen …"

Plötzliches Ende der angenehmen Musik und samtweichen Stimme. Es meldet sich ein sehr unangenehm klingender Mann:

„Halloo?"

„Ist dort das Service-Center für persönliche Kundenbetreuung?"

„Wos is?"

„Stimmt es, dass Sie sich auf meinen Anruf gefreut haben?"

„Ha??"

„Ich finde das toll, dass es so einen freundlichen Kundendienst überhaupt noch gibt!"

„Wann S' man net glei sagen, was Sie wollen …"

„Es tut mir ja leid, dass ich Ihre wertvolle Zeit in Anspruch nehmen muss …"

„Mir scheint …"

„Mir scheint, Sie haben diese seltene Mischung aus Kompetenz und Liebenswürdigkeit …"

Knacks. Der Mann hat aufgelegt. Die wiederum samtweiche weibliche Stimme gibt noch abrundende Informationen:

„Wir hoffen, unsere Kundenbetreuung hat Sie zufriedenstellen können und dürfen Sie darüber informieren, dass dieser Anruf zehn Euro gekostet hat!"

Mancher Fall von Pech erweist sich in späterer Folge als glückliche Fügung. So zum Beispiel auch dieser partielle, selbstverschuldete …

STROMAUSFALL

„Hallo, ihr Lieben, habt ihr heute Abend schon was vor?", sagte Magdalena am Telefon. „Uns ist nämlich was Blödes passiert. Herbert hat beim Basteln im Keller den Stecker der Tiefkühltruhe gezogen und vergessen, ihn nachher wieder reinzutun!"

„Verstehe!", antwortete Ilse. „Und jetzt sind die ganzen Sachen schlecht?"

„Noch nicht, aber wir müssen sie möglichst schnell zusammenessen! Heute gibt's Fisch, morgen Hühnerschnitzel und übermorgen Faschiertes, außerdem 60 Marillenknödel und fünf Großpackungen Eis!"

„Du meinst, wir sollen zum Essen kommen?"

„Unbedingt! Jedenfalls die nächsten paar Tage!"

So geschah es dann auch. Magdalena nahm innerhalb einer Woche zwei Kilo zu, ihr Herbert drei und Ilses Familie insgesamt fünf. Das Bemerkenswerteste war aber, dass die Teilnehmer an diesem großen Fressen Gefallen fanden und die Haushaltsversicherung das Ganze obendrein noch bezahlte, unter dem Titel ‚Verdorbenes Tiefkühlgut infolge Stromausfall'.

Den gab es deshalb einen Monat später auch bei Luise, denn es war ihr natürlich ein Bedürfnis, sich für Magdalenas Einladungen zu revanchieren.

Sie halten manches, was Sie bis jetzt gelesen haben, doch für eher unwahrscheinlich? Vielleicht, aber die Leute lieben nun einmal maßlose ...

ÜBERTREIBUNGEN

„Ganz schön kalt war's heute in der Früh!"

„Bei uns war's noch viel kälter! Die Vögel sind an den Ästen festgefroren!"

„Unsere Vögel waren noch ärmer. Sogar die Katze hat sie aus Mitleid in Ruhe gelassen. Die ist ja überhaupt so intelligent!"

„Unsere Katze ist noch intelligenter. Die kann an der Uhr ablesen, wann es Zeit zum Fressen ist!"

„Was ist daran so besonders? Unsere Katze stellt die Uhr vor, damit sie früher ihr Essen bekommt!"

„Unsere Katze nimmt sich das Essen selbst!"

„Aus dem Kühlschrank?"

„Aus dem Aquarium! Wir haben ein sehr großes Aquarium!"

„Unseres ist doppelt so groß! Da haben wir einen zwei Meter langen Fisch drinnen!"

„Das ist gar nichts! Wir haben einen vier Meter langen Fisch, und den habe ich selbst gefangen!"

„Wo denn?"

„In der Karibik!"

„Da fahre ich nicht mehr hin! Dort kenn ich schon alles!"

„Ich auch. Aber waren Sie schon einmal auf dieser Insel?"

„Mehrmals!"

„Ich meine oben auf diesem Vulkan …"

„Ich kann ihn nicht mehr sehen!"

„Deshalb hab ich jetzt das Tauchen entdeckt!"

„Das mach ich schon seit meiner Kindheit! Ich konnte damals fünf Minuten lang die Luft anhalten!"

„Geht das jetzt auch noch?"

„Jetzt sogar noch länger!"

„Dann tun Sie's bitte!"

Alles wird übertrieben, auch das Telefonieren. Was manche Menschen sinnlos vor sich hin quatschen ist unglaublich, und niemand sagt:

GENUG IST GENUG

Herbert ist die Gemütlichkeit in Person. Man kann ihn nur ganz schwer aus der Ruhe bringen, und doch hat es eine junge Frau unlängst geschafft.

Herbert saß im Bus neben ihr, als er von der Arbeit nach Hause fuhr. Er wollte einfach nur so vor sich hin dösen, doch die Frau telefonierte ohne Unterlass. Vierzig Zentimeter neben seinem linken Ohr unterhielt sie sich mit ihrem Freund ausführlich über das Kinoprogramm, ihre depperte Chefin, und den Urlaub, den sie jetzt schon so dringend brauchen würde.

Herbert warf ihr mehrere böse Blicke zu, aber das verstand sie nicht.

Anschließend ging es um die Frage, ob sie besser einen grünen oder einen lila Nagellack nehmen sollte und um ihre neueste Fieberblase. Aber das war Herbert dann doch zu viel.

Entschlossen, dem Telefonat ein Ende zu machen, drehte er sich zu ihr und sagte laut und deutlich, sodass es auch der Mann am anderen Ende der Leitung hören musste: „Schatz, mit wem redest du da? Komm endlich wieder ins Bett!"

Besonders gute Gespräche kann man (insbesondere ohne Telefon) an einem lauen Sommerabend in einem Heurigengarten führen. Zwei Gäste, die hier schon etwas länger sitzen, wälzen interessante …

VERSCHWÖRUNGSTHEORIEN

„Schön is er heute, der Mond, was sagst du?"

„Welcher?"

„Der linke!"

„Mir g'fallt der rechte besser. Also wenn ma denkt, dass mir da schon oben war'n …"

„Wir zwa?"

„Na, mir natürlich net. Die Amerikaner! Waßt des nimmer, in die 60er-Jahr? ‚Ein kleiner Schritt für die Menschheit', hat er g'sagt, der Louis Armstrong!"

„Geh, was redst du da für an Blödsinn, des war doch der Trompeter mit der hasrigen Stimm! Außerdem war der gar net oben, am Mond!"

„Der Armstrong?"

„Niemand war dort! Die Mondlandung ham s' doch im Studio draht … Des war alles a Schmäh!"

„Geh, du immer mit deine Verschwörungstheorien! Wahrscheinlich hast vorhin am Klo a grad den Elvis Presley troffen!"

„I war ma net sicher, aber Elvis lebt, des sag i dir. Und des Auto, was mit an Liter Wasser hundert Kilometer fahrt, is a schon längst erfunden!"

„Und wo warat des?"

„Nirgends! Weil die Ölkonzerne die Baupläne unter Verschluss halten, damit's ihnern Benzin anbringen!"

„Kumm trink lieber no a Achterl, dass d' auf andere Gedanken kommst!"

„Da san ma schon beim nächsten. Der Veltliner schmeckt heut irgendwie anders wie sonst!"

„Was soll des wieder haßen?"

„Dass' den Wirten, den Zeidelhofer Walter, ausg'wechselt hab'n! Des is in Wirklichkeit a Doppelgänger!"

„Wieso?"

„Hast es net g'merkt? Der Walter hat doch jahrelang dieselben Schmäh erzählt, und heute kommt er auf einmal mit an neuen! I sag dir was: (leise, hinter vorgehaltener Hand) Des Lokal hab'n die Chinesen übernommen!"

„Warum net glei die Außerirdischen?"

„Stimmt! Des Heurigengartl is a idealer Landeplatz für a Fliegende Untertassen! Natürlich nur, wenn ma die Tisch auf d'Seiten schiebt."

„Deswegen wart ma jetzt ganz einfach auf's nächste UFO und lassen uns von denen hamfliegn!"

„Des kann aber no dauern!"

„Wurscht, setz ma uns halt daweil umme zum Elvis!"

Auch wenn man nicht hinter allem und jedem ein dunkles Geheimnis vermuten soll, allzu naiv darf man auch nicht sein. Heutzutage ist technisch schon fast alles möglich. Darum geht es im folgenden Vortrag über …

DATENSPEICHERUNG

„Meine Damen und Herren, die Entwicklung der Technik macht es möglich, dass man immer größere Datenmengen auf immer kleinerem Raum speichern kann. Diese alte Edison-Walze enthält zum Beispiel nur ein einziges Musikstück mit drei Minuten!"

Der Computertechniker hielt einen etwa zehn Zentimeter langen Wachszylinder in die Höhe, legte ihn wieder auf den Tisch und ergriff dafür eine Schallplatte.

„Die viel leichtere Langspielplatte konnte dann schon zwölf Musikstücke speichern, und auf dieser Tonbandkassette aus den 60er-Jahren, manche werden sich noch gut an sie erinnern, war bereits Platz für 40 Dreiminuten-Lieder!"

Der Vortragende berauschte sich an seinen eigenen Worten.

„Dann kam die CD, der Computer und das mp3-Format. Es ist unglaublich, nun konnte man auf so einer kleinen Silberscheibe schon sieben Stunden aufnehmen, das entspricht mehr als 140 Liedern!

Aber weil mir persönlich das alles immer noch zu unhandlich war, hab ich meine ganze Plattensammlung mit über 1.200 LPs auf einen einzigen kleinen Datenstick mit 64 Gigabyte überspielt und die Schallplatten zum Flohmarkt gegeben. Alle Musikstükke, die ich im Leben jemals gesammelt habe, sind hier auf diesem kleinen Stick …"

Während er das sagte, begann der Techniker in seinen Taschen herumzukramen.

„Er muss hier irgendwo sein …!"

Beeindruckender hätte der Vortrag gar nicht enden können. Denn dass heutzutage eine ganze Plattensammlung durch einen zehn Millimeter langen Riss in der Rocktasche verlorengehen kann, ist ein sensationeller Beweis für den unglaublichen Fortschritt der Menschheit!

Apropos – ein Loch gilt heute schon manchmal als modisches Accessoire. Denken Sie nur an eine …

LÖCHRIGE JEAN

„Fräulein, die Jean, die Sie mir gerade gezeigt haben, hat ein Loch!"

„Wo?"

„Da, ober'm Knie!"

„Stimmt!"

„Ich möchte bitte eine andere!"

„Was?"

„Na, eine Hose ohne Loch!"

„So was haben wir nicht!"

„Hören Sie, ich bin nicht von gestern! Ich weiß natürlich, dass es heutzutage modern ist, Jeans mit künstlichen Löchern zu verkaufen! Aber dieses Loch ist ein Fabrikationsfehler!"

„Vielleicht, aber Sie müssen zugeben, dass es aussieht, wie vom Designer geplant!"

„Wenn ich eine Hose mit einem nur zufällig entstandenen Loch nehme, will ich wenigstens einen Preisnachlass!"

„Ausgeschlossen! Diese Hose müsste eigentlich noch wesentlich teurer sein!"

„Wieso?"

„Schauen Sie, wie soll ich Ihnen das erklären … Zuchtperlen sind auch billiger als echte Perlen, die auf ganz natürliche Weise entstanden sind!"

„Also gut, dann geben Sie mir eine Zuchtperle, besser gesagt, eine Hose mit eigens angefertigtem Loch!"

„Wo hätten Sie's denn gern?"

„Irgendwo, wo man's nicht sieht!"

„Dann hab ich da genau das Richtige für Sie! Eine todschicke Jean mit einem dezenten und doch hochaktuellen Loch in der Hosentasche. Auf Wunsch nähen wir es in unserer Änderungsschneiderei gleich zu!"

„Super!"

„Sehen Sie, jetzt haben Sie ja doch noch gefunden, was Sie suchen!"

Die Mode verändert mit der Zeit unser ästhetisches Empfinden. Abwechselnd einmal fesch und dann wieder ziemlich lächerlich wirkt zum Beispiel …

DER BART

Die Bilder aus den Siebz'ger Jahrn,
die kennt man an den langen Haar'n,
oft schulterlang mit wildem Bart,
als Zeichen neuer Denkungsart.
Erst Jahre später fand man dann,
dass man doch so nicht ausschaun kann.
Die glatte Haut ward nun entdeckt,
perfekt rasiert, wie abgeschleckt,
sogar die Haare auf der Brust
bedeuteten Prestigeverlust.
Es herrschte rings mit einem Mal
ein and'res Schönheitsideal.
Doch dieses wurde auch bald fad,
und es wuchs der Dreitagesbart,
damit bekam manch fader Wicht
ein cooles Draufgängergesicht,
und passte trotzdem gut zum Geld
in die seriöse Wirtschaftswelt.
Und nun, deshalb schreib ich das her,
muss ich so lachen, bitte sehr.
Was man so lange nicht mehr sah:
Der Rauschebart ist wieder da.
Woher er kam, ich weiß es nicht,
er wächst wieder, ganz lang und dicht.
Nur ehrlich g'sagt, ich möchte meinen:
John Lennon hätte jetzt grad keinen.

Auch in der Sprache gibt es Zeiterscheinungen. So ist es heute üblich, x-beliebige Tätigkeiten mit einem englischen Wort auf die Endung -ing zu bezeichnen. Und schon kann's losgehen, das heitere …

Trend-Rapping

„Na, mach ma no a bisserl Jogging?"

„Mehr Walking, Hauptsach Schwitzing!"

„Heute nix mehr Working?"

„Nur mehr Chilling!"

„Ich schwör auf Power napping!"

„Im Marketing?"

„Im Controlling!"

„Mit Multitasking kein Problem!"

„Alles a Frage vom Timing!"

„Und vom Coaching! No more Fressing und Saufing!"

„Body-Styling?"

„Fitness-Training!"

„Ich bin mehr für Adventuring!"

„Dschungel-Camping?"

„Rafting und so!"

„Ist jetzt im Ranking ganz oben!"

„Demnächst mach ich sogar Canyoning … gemeinsam mit meinem Chef!"

„Verstehe! Einschleiming?"

„Sagen wir Karriere-Designing!"

Absolut im Trend liegt es, jede Veranstaltung zu einem Event zu machen. Erst recht natürlich ein …

WELTCUPWOCHENENDE

Hunderte Journalisten drängten sich im eigens errichteten Pressezentrum von St.Apper am Hang und erlebten eine perfekt inszenierte Info-Show über das bevorstehende Schi-Weltcupwochenende. Vor einer überdimensionalen Videowall erschien schließlich ein Sprecher der durchführenden Eventagentur und begrüßte die Gäste.

„Willkommen zu unserer Pressekonferenz im Schi-Universum St.Apper am Hang! Morgen ist es also soweit, da startet die größte Schiparty aller Zeiten, mit einem Mega-Programm, das man bislang nirgendwo bei einem Weltcup-Rennen erlebt hat.

Zuerst wird Sie bestimmt interessieren, was es heuer Neues gibt, um den Rekorderfolg des vorjährigen Schifestivals noch zu übertreffen. In aller Kürze gesagt: Die Besucher hier vor Ort werden mit einer Alpin-Street-Dancing-Parade am gemütlichen Dorfplatz begrüßt, der jetzt über 90.000 Menschen fasst, nachdem die störenden alten Bauernhäuser vom Zentrum an den Ortsrand versetzt wurden. Es gibt durchgehend Hüttengaudi mit musikalischen Acts der größten Superstars – von der Volksmusik bis zur Klassik – und einen glanzvollen Sponsorenball, zu dem das größte Alpenfeuerwerk der Welt die Gipfel unserer Berge in Szene setzt. Alles wurde durchdacht und aufeinander abgestimmt, inklusive Rahmenprogramm mit Helicopter-Gletschergolfturnier und Pistenraupen-Adventure-Experience!"

Der Redner holte Luft, und das benützte ein Journalist dazu, eine ganz naheliegende Frage zu stellen: „Wann treffen denn eigentlich die Sportler und Sportlerinnen ein?"

Der Sprecher zögerte. Dann antwortete er: „Das geht uns nichts an. Die Schisportverbände haben angeblich alle rechtzeitig vom Renntermin verständigt. Aber das Rahmenprogramm ist fix, und das ist doch schließlich das Wichtigste!"

Es gibt ja nicht gar so viele Menschen, die etwas von Kunst verstehen. Doch geht man allein schon wegen des Büffets sehr gerne zu einer …

VERNISSAGE

Der offizielle Teil der Ausstellungseröffnung war vorbei, der bedeutende Maler stand vor einem seiner Bilder und nahm die anerkennenden Kommentare der Besucher entgegen. Einer kam und wollte wissen, ob es das Bild, das ihm da so gut gefiel, auch in der Grundfarbe Rot gäbe, weil es dann zu seinen Vorhängen passen würde.

„Leider nicht …" antwortete der Künstler.

„Und wenn Sie mir eines *malen* würden? Ich tät Ihnen einen kleinen Stoffrest vorbeibringen, damit Sie wissen, was für ein Rot ich meine!"

Der bedeutende Maler sagte nichts.

„Und würde dieses Bild dann auch 900 Euro kosten? Ich meine, Sie müssten ja nicht mehr so viel drüber nachdenken, *was* Sie malen, sondern einfach dasselbe in einer anderen Farbe pinseln! … Moment, ich hol mir nur noch ein Glaserl Wein."

Der Mann verschwand in der Menge, und schon meldete sich eine Frau mittleren Alters zu Wort:

„Also, ich bin schwer beeindruckt von Ihren Bildern! Wissen Sie, ich versteh nämlich was davon!"

„Aha …?", antwortete der bedeutende Maler, dummerweise mit einem kleinen Fragezeichen in der Stimme, sodass sich die Besucherin ermuntert fühlte, weiter zu reden.

„Ich male nämlich auch …"

An dieser Stelle trat kurze Stille ein, denn die Frau erwartete offensichtlich irgendeine Reaktion. Dann schnatterte sie weiter:

„… das heißt, wir sind praktisch Kollegen! Ich habe vor einem halben Jahr einen dreitägigen Malkurs absolviert ‚Keine Scheu vor Farbe und Leinwand‘ hat er geheißen. Den haben Sie bestimmt auch schon besucht oder?“

„Nein, leider nicht …“ Der bedeutende Maler begann leicht zu transpirieren.

„Sollten Sie aber! Da kann man echt was lernen. Ich hab vor dem Kurs auch keine Ahnung vom Malen gehabt, und jetzt brauch ich für ein Bild nur mehr eine knappe Stunde. Das heißt, wenn ich pro Stück, so wie Sie, 900 Euro verlange, könnte ich in einem einzigen Tag 7.200 Euro verdienen …“

In diesem Moment kam der Mann vorbei, der vorhin die Idee mit dem roten Bild hatte. Der bedeutende Maler stürzte auf ihn zu und sagte:

„Ich mach's!“

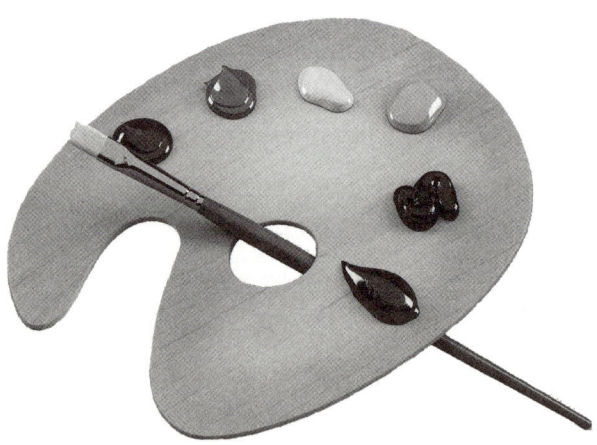

Viele Künstler lieben ja die Provokation. Die bringt sie ins Gespräch und spornt zu neuen Taten an. Das Schlimmste für einen Avantgardisten ist jedenfalls …

KEIN PROTEST

Der aufstrebende Architekt Helmfried Klotz wollte ein städtebauliches Zeichen setzen. Er hatte ein Wohnhaus abseits aller ästhetischen und traditionellen Maßstäbe geplant, und die Jury des Projektwettbewerbs war seinen Vorstellungen gefolgt, nicht zuletzt wohl deshalb, weil er dem Vorsitzenden des Gremiums durch Beziehungen zu dieser gut dotierten Position verholfen hatte.

Soweit so gut und wie auch immer. Das Haus, eine, wie Klotz das sah, provokante und bahnbrechende Konstruktion aus Stahl, Glas und Holz, wurde gebaut. Aber schon bald war der Architekt irritiert. Wo blieben, verdammt noch einmal, die Proteste der Anrainer und der Öffentlichkeit? Keiner blieb stehen und sagte: „Scheußlich, grauenhaft, ein Schandfleck der Stadt!" Niemand schlug die Hände über dem Kopf zusammen und schrieb einen wütenden Leserbrief.

Im Gegenteil, sein Kasten gefiel! Als er fertig war und feierlich eröffnet wurde, pries man das Fingerspitzengefühl, mit dem Helmfried Klotz sein Werk in die bestehende Substanz des Viertels eingefügt hatte.

Sogar die Gratiszeitungen, die sich bekanntlich der Meinung des Kleinen Mannes und der Kleinen Frau von der Straße verpflichtet fühlen, bezeichneten Helmfried Klotz als Lichtblick auf dem ansonsten grauenhaften Himmel der modernen Kunst. Und als sich dann auch noch die Bewohner des Hauses darin wohlfühlten, brach Klotz endgültig zusammen.

Er bewarb sich als Beamter am Bauamt der Stadt und achtet heute peinlich genau auf die Einhaltung der Baufluchten und Dachneigungen. Und wenn er etwas gar nicht mag, dann sind es Entwürfe provokanter Architekten.

‚Kommt ein Mann bzw. eine Frau zum Arzt …', so beginnen unzählige Witze, und so fängt auch die folgende Szene an. Der Patient schildert seinen bedauernswerten …

GESUNDHEITSZUSTAND

„Herr Doktor, es is so: Ich hab Kopfschmerzen, Halsweh, Schmerzen in der Brust, Bauchweh und Schmerzen in den Beinen. Haben Sie eine Ahnung, was mir fehlt?"

„Ehrlich gesagt nein, Sie haben ja schon alles!"

„Das hilft mir jetzt auch nicht weiter. Ich hab langsam das Gefühl, es nimmt mich keiner ernst!"

„Sie scherzen!"

„Da haben wir's schon wieder! Jeder denkt, ich lüge!"

„Das glaub ich Ihnen nicht!"

„Dabei bin ich ja noch gar nicht so alt! Ich gehe gerade erst auf die Fünfzig zu!"

„Von welcher Richtung?"

„Das wissen Sie ganz genau! Ich war immerhin schon ein, zwei Mal bei Ihnen!"

„Stimmt, und da hab ich Ihnen geraten, täglich nur ein Viertel Wein zu trinken!"

„Tu ich ja! Allerdings gehe ich zu mehreren Ärzten!"

„Was wollen Sie damit sagen?"

„Dass mir das jeder geraten hat und dadurch eine ganze Menge zusammenkommt!"

„Passen Sie auf: Versuchen Sie einmal vier Wochen lang überhaupt keinen Alkohol zu sich zu nehmen. Dann werden wir ja sehen, ob sich ihr Zustand bessert!"

„Könnte ich nicht *mehr* trinken und wir schauen, ob er *schlechter* wird?"

„Das ist keine gute Idee! Rauchen Sie?"

„Nein!"

„Schade, sonst müssten Sie nämlich unbedingt damit aufhören!"

„Jetzt kommen Sie mir nicht auch noch mit Sport!"

„Wieso?"

„Weil Sport nur eine Methode ist, Krankheiten durch Unfälle zu ersetzen!"

„Sie sollten wenigstens auf ihr Gewicht achten, indem Sie ein bisserl mehr Bewegung machen!"

„Laufen und so?"

„Es genügt, den Kopf zu schütteln, wenn Ihnen etwas zu Essen angeboten wird!"

„Ich sag Ihnen was: Ich hab meine Ernährung bereits komplett umgestellt!"

„Wie denn?"

„Die Rumkugeln stehen jetzt in der Küche und die Chips beim Fernseher!"

Mitten durch das große Fachgebiet der Medizin zieht sich eine feine Bruchlinie, die manchmal auch sehr deutlich zu Tage tritt: zwischen der sogenannten Schulmedizin und den komplementären Heilmethoden. Eine davon ist die …

HOMÖOPATHIE

„Ich werde nicht müde, es immer wieder festzustellen: Homöopathie ist Hokus Pokus. In millionstelfacher Verdünnung können die angeblich vorhandenen Substanzen in den Kügelchen und Tropfen selbstverständlich nicht wirksam sein."

Mit dieser Botschaft wurde Dr. Edgar Fever ein Medienstar. Es saß weltweit in den TV-Sendungen, in denen über Homöopathie diskutiert wurde, denn er redete gut und vor allem gerne. Angriffslustig ging er mit den Befürwortern der alternativen Behandlungsmethoden ins Gericht. Er redete von doppelblind randomisierten, placebokontrollierten Studien und tat angebliche Heilerfolge als unhaltbare Anekdoten ab.

Öffentlichkeitswirksam nahm er vor laufender Kamera unglaubliche Mengen an Globuli und Tropfen ein, um deren Wirkungslosigkeit zu beweisen. Für diesen Aktionismus liebten ihn die Menschen, jedenfalls die eingefleischten Gegner der Homöopathie.

Was man nicht wusste, war, dass sich Dr. Fever vor jedem Vortrag mit einem Fläschchen Prickelbrunner Mineralwasser erfrischte, das ihm seine Frau in die Tasche steckte. Wenn er dieses Wässerchen getrunken hatte, fühlte er sich einfach gut.

Eines Tages vergaß sie das allerdings, und Dr. Fever musste ohne das Prickelbrunner auftreten. Die TV-Kameras hielten unbarmherzig fest, wie Fever mitten in der Diskussion einen Schweißausbruch bekam und von einer unbegreiflichen Nervosität befallen wurde.

Der ihm gegenüber sitzende Homöopathie-Befürworter ging aus der Redeschlacht als eindeutiger Sieger hervor.

Was soll ich noch länger erzählen. Was Fever fehlte, waren die 5 Globuli Argentum Nitricum D30, die seine Frau stets unbemerkt in sein Wasserfläschchen tat.

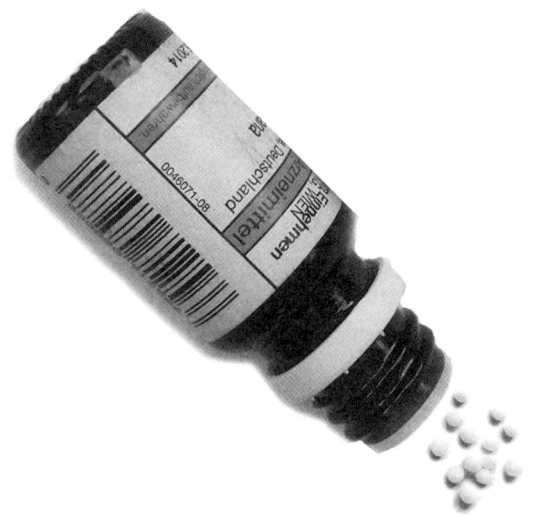

Mehr als um die eigene Gesundheit sorgt man sich oft um jene seiner Haustiere. Da steht zum Beispiel gerade ein Mann völlig ratlos im Supermarkt und telefoniert mit seiner Frau. Es geht um's …

KATZENFUTTER

„Schatzerl, Ragout mit Ente und Pute is grad aus! Soll ich des mit Lachs und Shrimps nehmen?"

„Liebling, du weiß doch, dass der Pinki unlängst nach'm Lachs schlecht worden is! Direkt blass war's um's Naserl! Da is' noch besser, du kaufst das Fertigmenü mit Rind und Lamm!"

„Das gibt's aber nur mit Trüffel, und ich glaub, dass die Pinki die Trüffel-Pasteten unlängst überlassen hat!"

„Ja, aber nur, weil da a Hühnerleber drin war. Ganz vorwurfsvoll hat mi die Pinki damals ang'schaut. So als ob's sagen wollt: Ihr wisst's doch ganz genau, dass mir die Hühnerleber schon zum Hals raushängt!"

„Vielleicht sollt ma amal was Veganes nehmen?"

„Na, die Pinki braucht scho a Fleischi! Wenns d' a Stückerl Lungenbraten mitnimmst, dann könnt ich ihr a feines Beef Tartare mit a bisserl Ei und Petersil machen!"

„Ob's des mag?"

„Oder, was glaubst, sagt s' zu an Carpaccio? Nimm auf jeden Fall no a Sackerl Katzen-Snack als Nachspeis mit. Weißt eh, da gibt's doch diese Knabbertascherln, was außen knusprig und innen cremig san!"

„Sag Schatzerl, mir fallt grad ein, was hab'n denn wir selber für's Nachtmahl z'haus?"

„Liebling, wir hab'n ja no drei Radeln Extra im Kühlschrank. Die müssen endlich weg! Aber, dass du immer nur ans Essen denken kannst ...!"

Besonders an touristisch interessanten Orten sieht man Leute, die eine gekünstelte Körperhaltung einnehmen und mehrere Sekunden so verharren. Sie machen …

SELFIES

So viele Touristen grinsen
in die eigenen Handylinsen.
Selfies sind ja schnell gemacht,
wie am Tag, so in der Nacht.
Wenn der Arm nicht reichen will,
nimmt man einen Handy-Stiel
und posiert damit zu zweit
vor der Sehenswürdigkeit:
einem Denkmal, einem Schloss,
und der Garde hoch zu Ross,
mit dem Essen, das man grad
fein serviert bekommen hat,
faul am Strand, im freien Fall,
kurz gesagt, halt überall.
Wie die Fotos sind, komplett,
stellt man sie in's Internet,
und die meisten, die sie sehn,
denken: ‚Wir ham 's nicht so schön!‘
Ich jedoch sag nur: „Na und?
Weg'n dem bisserl Hintergrund
zahlt das Reisen sich nicht aus!"
Schieß ein schönes Selfie z'Haus,
und die Landschaft macht tiptop
am PC der Photoshop!

Viele Gelegenheiten zu einem wunderschönen Selfie gibt es jedenfalls auf …

JAKOBS WEG

Vor ungefähr einem Jahr hat Jakob von einer Tante ein Haus am Land geerbt, zwar nur eine Bruchbude, aber mit einem wirklich großen Grundstück. Das Land ist mehrere tausend Quadratmeter groß und beinhaltet auch einen Wald mit einem kleinen Weg, der aus dem Dorf kommt und in die Berge führt.

Eine Tages saß Jakob im Gemeindegasthaus und erzählte unter anderem von seinem privaten Pfad. Das interessierte natürlich den gerade anwesenden Fremdenverkehrsreferenten.

„Der Weg is auf der Wanderkarten gar net einzeichn't! Is der öffentlich begehbar?", fragte er und Jakob antwortete:

„Zaun gibt's kan, und i hab grundsätzlich ka Problem damit, wenn wer durchgeht."

Damit begann's. Die Geschichte von Jakobs Weg erreichte schließlich auch den Bürgermeister. Und bei dem machte es ‚Klick'!

„Endlich haben auch wir einen Jakobsweg!", rief er. „Da muss man doch unbedingt was draus machen!"

Auf der nächsten Ausgabe der Gemeindezeitung prangte die Schlagzeile *Jakobsweg führt jetzt durch unser Dorf!*. Die ersten Pilger trafen ein, und damit sie sich nicht verirrten, stellte man rasch ein paar Wegweiser auf. Der Bürgermeister ließ sich vor einem Pfeil mit der Aufschrift *Nach Santiago de Compostela* fotografieren und marschierte publikumswirksam die fünfhundert Meter auf Jakobs Weg.

Mit Hilfe eines großzügigen Kredits der Tourismusregion baute

Jakob die Bruchbude seiner Tante zu einer großen Raststätte aus, und diese Einrichtung wurde eine Goldgrube, denn der Strom von Wallfahrern nahm täglich zu.

„Der Jakobsweg hat mein Leben nachhaltig verändert!", sagte er unlängst in einem TV-Interview und blickte zufrieden und selbstsicher auf ein kleines Schild, das er an seiner Grundstücksgrenze aufgestellt hatte. Darauf stand: *Durchgang bis auf Widerruf gestattet!*

Früher haben die Älteren zu den Jungen gesagt: „Dir wird hoffentlich auch noch einmal der Knopf aufgehen!" Heute bleiben viele Knöpfe auf Dauer zu. Denn die geistige Abwesenheit wurde zur ...

LEBENSEINSTELLUNG

„Sebastian, hast du schon den Aufsatz für die Schule geschrieben? ... Sebastian?? ... Kannst du bitte die Ohrstöpsel rausnehmen, wenn ich mit dir red?"

„Was is?"

„Kannst du mir einmal eine Sekunde lang zuhören?"

„Ja-ha ... "

„Ich möchte wissen, ob du schon den Aufsatz geschrieben hast!"

„Aufsatz?"

„Den für die Schule!"

„Nein ..."

„Hast du dein Zimmer zusammengeräumt?"

„Gleich ..."

„Hast du überhaupt schon irgendwas getan?"

„Was denn?"

„Das geht so nicht weiter!"

„Ja-ha ..."

Die Mutter ärgerte sich schwarz über Sebastians Trägheit, insgeheim bewunderte sie aber dessen Fähigkeit, alles, was mit Arbeit zu tun hatte, von sich abperlen zu lassen.

„Du wirst schon schauen! Mit so einer Einstellung kommst du

im Leben nicht durch!", sagte sie immer wieder, aber Sebastian behielt seine Gelassenheit und entwickelte sie sogar noch weiter. Nun sitzt er im mittleren Management eines internationalen Konzerns, und gerade läutet sein Telefon:

„Ja bitte? … Herr Direktor, was kann ich für Sie … die Statistik lass ich Ihnen gleich zukommen!"

Ohne die Augen von einer interessanten Youtube-Seite auf dem PC abzuwenden, ruft Sebastian nach seiner Assistentin.

„Schicken Sie dem Chef den letzten Halbjahresbericht! Der ist eh fertig oder?"

„Sie wollten doch noch drüberschau'n!"

„Das können Sie genauso gut!"

„Wir sollten auch die nächsten Sitzungstermine fixieren!"

„Ich bin aber gerade ziemlich beschäftigt!"

„Wie Sie meinen! Übrigens, Ihre kleine Tochter ist gerade am Telefon!"

„Geben Sie sie mir! …. Hallo Lisa? Nein, ich kann dir jetzt nicht bei der Rechenaufgabe helfen. Wieso hast du sie denn nicht längst gemacht? … Und ist dein Zimmer schon aufgeräumt? … Ich sag dir was: Mit so einer Einstellung kommst du im Leben nicht durch!"

Das Rad wurde wahrscheinlich zur Mitte des 4. Jahrtausends vor Christus erfunden, wo genau, weiß man nicht. Es ist allerdings unwahrscheinlich, dass es in Österreich geschah, denn hier hätte es dem Erfinder geblüht: ein klassisches …

ÖSTERREICHISCHES ERFINDERSCHICKSAL

Herr Felsinger, ein tapferer Bürger der Steinzeit, fluchte. Er war auf dem Heimweg von einem mehrtägigen Jagdausflug, und weil er seiner Frau versprochen hatte, ein ordentliches Stück Wild nach Hause zu bringen, schleifte er mühsam ein halbes Reh hinter sich her. Er hatte es auf ein Gestell aus zusammengebundenen Ästen gelegt und hoffte gerade wieder, dieses Transportmittel eines Tages verbessern zu können. Plötzlich blieb er stehen und sagte zu sich selbst: „Ich hab's! Da fehlen die … wie soll ich sie nennen … die Räder!"

Zuhause angekommen, machte sich Felsinger gleich an die Arbeit und baute ein kleines Modell, mit zwei Baumscheiben, die er auf einen zugespitzten Hühnerknochen steckte.

Es funktionierte! Nur seine Frau zuckte die Achseln: „Und wozu bitte soll man solche … wie sagst du … Räder brauchen?", jammerte sie.

„Du hast ja keine Ahnung!", antwortete ihr Mann. „Mit einem Rad kann man Ochsenkarren bauen und später vielleicht sogar Autos – falls es gelingt, auch Reifen und Motoren zu erfinden! Fahrräder, Motorräder, Raddampfer, Radar …"

„Du spinnst ja! Vergeude nicht die Zeit mit so einem unnötigen Zeug und mach lieber Feuer!"

Aber Felsingers Begeisterung war nicht zu bremsen. Gleich am nächsten Tag ging er auf's Patentamt.

„Guten Tag!", sagte er zum zuständigen Referenten. „Ich habe eine Erfindung gemacht, die die Welt verändern wird! Schauen Sie her: einen kreisrunden Körper, der sich um eine im Zentrum befindliche Achse dreht! Das Rad!!"

„Vü zu kompliziert!", antwortete der Beamte. „Des setzt si net durch!"

„Aber damit kann man Fahrzeuge konstruieren!"

„Wozu brauch ma des?"

„Zum energiesparenden Transport anstelle der mühsamen Schleiferei!"

„Des hamma immer schon so g'macht!"

„Aber man kann es anders viel besser machen!"

„Da könnt ja jeder kommen!"

„Es ist damit aber noch nie jemand dagewesen, oder?"

„Des wär ja noch schöner!"

„Ich krieg dafür also kein Patent?"

„Tuat ma lad!"

„Und wenn ich Ihnen einen funktionsfähigen Prototypen baue?"

„Ohne Genehmigung dürfen S' des gar net!"

„Warum?"

„Weil erst geklärt wer'n muss, ob Sie mit solche Radeln net die öffentliche Sicherheit gefährden! Außerdem wollen die Leut dann no schöne Straßen ham, damit's mit ihrem Glumpert fahren können, und natürlich wird die Innung von den Schlittenherstellern dagegen sein! Lieber Herr, in der Steinzeit geht sich so a Genehmigungsverfahren gar nimmer aus!"

Entmutigt verließ Herr Felsinger das Patentamt und wäre draußen auf dem Dorfplatz beinahe von einem vorbeirasenden Ochsenkarren überfahren worden. Der Kutscher schimpfte in einer fremden Sprache. Angeblich kam er aus Mesopotamien, denn dort war das Rad inzwischen gang und gäbe.

Wer seinen Kopf anstrengen will, der muss nicht gleich etwas erfinden. Es genügt ja eine spielerische Beschäftigung, wie …

KREUZWORTRÄTSEL LÖSEN

„Anteil nehmen mit sieben Buchstaben", murmelte Karli vor sich hin. Er saß ganz bequem auf der Couch und löste ein Kreuzworträtsel.

„Kannst du mir bitte einen Moment lang zuhören!", sagte seine Frau Sabine, die Arme bedrohlich auf die Hüften gestützt.

„ZUHÖREN … passt!", zufrieden malte Karli die sieben Buchstaben in die leeren Quadrate.

„Ich fahr jetzt einkaufen. Brauchen wir noch was, wenn die Oma morgen zum Essen kommt?"

„OMA? … ONKEL gangert …"

„Hamma no an Spiritus?"

„Meinst du den vergällten Äthylalkohol mit acht Buchstaben? Den hab i schon."

„Ich mein den Spiritus für's Fondue, weil der Kevin morgen Geburtstag hat und wir das feiern wollen!"

„Wer hat Geburtstag?"

„Dein Sohn Kevin!"

„KEVIN geht net. FRANZ vielleicht …"

„Außerdem müss ma in der Werkstatt an Termin für's Pickerl ausmachen!"

„Was sagst du?"

„Pickerl!"

„PLAKETTE heißt des! Kleines Schild aus Metall oder Kunststoff!"

„Hast du schon g'merkt, dass der Wasserhahn in der Abwasch tropft?"

„Wie kommst du jetzt plötzlich auf die Abwasch?"

„Gar net plötzlich! Ich sag dir des schon seit Wochen!"

„Jemand, der etwas nicht kennt oder nicht wissen will ... acht Buchstaben."

„IGNORANT"

„Danke, jetzt hammas!"

Die ursprünglichsten unter den Fluginsekten mit einem besonders kurzen Leben und 14 Buchstaben sind? Ganz richtig! Natürlich die …

EINTAGSFLIEGEN

„Servas Gustl, von wo kommst denn du daher?"

„Von der Obstschüssel, vorher war i auf der Brotdosen, und jetzt hab i mir dacht, setz i mi a bissel auf's Fensterbrett."

„Na, du kommst umadum!"

„I wollt immer schon was sehn von der Welt! Aber jetzt, muss i dir sagen, wird's ma langsam zu strapaziös. Außerdem hab i manchmal so a Ziag'n im rechten Flügel!"

„Des hab i scho lang! Seit mindestens zwa Stund!"

„Na, alt sollst net werd'n! Um viere beginnt der Herbst des Lebens, hat der Opa immer g'sagt!"

„Der is jetzt a schon seit zwölf Stunden tot!"

„Wie die Zeit vergeht! Kannst di erinnern? In der Früh, wie wir klan war'n, da hat's no diese Marmeladkipferln geb'n und die weichen Eier!"

„Alles vorbei! Des kommt nie wieder, sag i dir! Wenn i mi net täusch, is damals sogar no die Sunn woanders g'standen!"

„Nix bleibt so wie's war!"

„Ewig san bestimmt nur die Blumen da draußen im Fensterkistel!"

„Glaubst du, dass' dahinter no weitergeht?"

„Was?"

„Des Universum!"

„Kann i ma net vorstellen! Zwischen uns und dem Blumenkistel is a Fensterscheiben, und da kommt im Leben niemand durch!"

„Aber vielleicht gibt's auf der drüber'n Seiten von der Fensterscheiben no a andere Welt, wo der Opa mit der Oma auf an Marmeladkipferl sitzt!"

„Gustl, wer's glaubt, wird selig!"

Menschen leben zwar im Durchschnitt viel länger als Eintagsfliegen, trotzdem müssen sie sich ihre Zeit gut einteilen. Und deswegen planen sie auch ihren …

FRISEURTERMIN

„Grüß Sie! Sedlacek is da, ich hätt mir gern an Termin ausg'macht!"

„Gern, gnä' Frau, wann wär's Ihnen denn recht?"

„Morgen Nachmittag vielleicht?"

„So kurzfristig geht's leider net! Was g'hört denn so alles g'macht?"

„Wissen S' eh, jetzt war i halt scho länger net bei Ihnen!"

„Also a großes Service …"

„Wie lang tät des dauern?"

„An ganzen Tag müss ma schon rechnen!"

„Na Servas! Da is aber Färben a schon dabei …?"

„Glauben S', dass sich des no auszahlt?"

„Was?"

„Na, neu lackieren! Wie lang haben S' ihn denn jetzt schon?"

„Wen?"

„Ihren Alten!"

„Heuer werden's 30 Jahr!"

„Na, gratuliere! Dann könnten S' Ihnen aber langsam um an andern umschauen!"

„I bin mit ihm aber ganz z'frieden!"

„Der muss ja schon weit über 200.000 Kilometer g'rennt sein!"

„Na, so sportlich war er nie! Er is mehr so a Patschen-Typ …"

„An Patschen hat er a?"

„Zwa, wenn ma's genau nimmt!"

„Also, dann schlag i vor, wir kommen mit'm Abschleppwagen vorbei und schau'n, was ma machen können!"

„Bei mein Mann?"

„Bei Ihnern Auto!"

„Tun S' leicht Autos a frisieren?"

„Wenn's gewünscht wird, mach ma a komplettes Tuning, inklusive Zylinderaufbohren und Lachgaseinspritzung!"

„Wissen S' was? Dann komm ma alle drei: mei Mann, i und des Auto!"

Heute gibt's im Fernsehen überwiegend Krimis, mit allen denkbaren Todesarten, Tatorten und Kommissarfiguren. Dabei lässt sich doch beinahe jede Geschichte auf eine einzige simple Story reduzieren. Hier ist sozusagen …

DER URKRIMI

Drei schemenhafte Gestalten in der Dunkelheit.

„Hier bist du also!", sagt eine Frau mit schneidender Stimme.

„Es ist nicht das, wonach es aussieht! Ich kann dir alles erklären!", antwortet ihr Mann.

„Nicht nötig!"

„Wir fangen ganz von vorne an!"

„Fahr zur Hölle!"

Ein Schuss.

Auf der Polizeidienststelle stöhnt der Kommissar:

„Bei uns zu Hause herrscht schon wieder dicke Luft!

„Wieso?"

„Ich hab auf unseren Hochzeitstag vergessen ... (tüdelü, tüdelü) ...Scheißtelefon! … Wo? In Ordnung, wir kommen!"

Am Tatort gibt es frischen Kaffee, der dem Kommissar nicht zusagt.

„Schmeckt grauenhaft!"

„Der Tod muss gestern in der Zeit zwischen 21 Uhr 32 und 21 Uhr 33 eingetreten sein!"

„Wie lange brauchen Sie für eine DNA-Bestimmung?"

„Drei Stunden!"

„Ich geb Ihnen zwei!"

„Alles klar, in einer Stunde können Sie ihn haben!"

Der Kommissar läutet beim Haus der vermutlichen Täterin. Da sie nicht gleich öffnet, wird die Tür eingetreten.

„Wo waren Sie gestern Abend und wenn ja, kann das jemand bestätigen?"

„Mein Mann!"

„Der ist tot!"

„Ich habe ihn nicht umgebracht, das müssen Sie mir glauben!"

„Ich glaube gar nichts ..."

„Aber ich besitze gar keine neun Millimeter Pistole!"

„Sie haben sich gerade selbst verraten! Das Kaliber konnte nur der Mörder wissen!"

Beim Einsteigen ins Polizeiauto wird der Kopf der Frau von einem Beamten mit der Hand geschützt, damit sie sich keine Beule holt, obwohl sie schon sehr oft verletzungsfrei in ein Auto gestiegen ist.

Ach ja, und am Schluss steht der Kommissar bei einer Döner-Bude und trinkt sich noch einen an. Denn bei ihm zu Hause herrscht ja dicke Luft.

Das wäre er, der Prototyp aller Krimigeschichten, und jetzt will ich nichts mehr davon hören!

Ganz stimmt das natürlich nicht, was ich gerade gesagt habe.
Man spielt nicht nur Krimis, sondern auch Seifenopern wie …

TRÄNEN DES HERZENS *(Lied)*

Wer kennt ihn nicht, den TV-Quotenhit
die ‚Tränen des Herzens‘, da lebt jeder mit:
von Oma und Opa bis zum Enkelkind,
es freut auch den Hund, wenn die Sendung beginnt.

Heut wird die zweitausendste Sendung gezeigt,
in der Peter Forbes in sein Kleinflugzeug steigt.
Man ahnt schon, dass man ihn daraufhin vermisst,
schon weil's im TV-Programm drin g'standen ist.

Sein Stiefonkel John übernimmt daraufhin
die Firma und Peters Frau, die schöne Lynn.
Die war einmal schon mit Johns Vater liiert,
was nicht nur das Publikum etwas verwirrt.

Doch bald konzentriert sich die Handlung auf Jane,
die intrigiert seit Folge achthundertzehn
ganz widerlich gegen die arme Ireen
und ihren Verlobten, den Reitlehrer Dean.

Bei einem Turnier kommt der plötzlich um's Leb'n,
es hat nämlich Unstimmigkeiten gegeb'n.
Der Schauspieler wollt mehr Gage um zehn Prozent,
„Auf Wiederschaun!", sagte drauf der Produzent.

Mit Dean ging der letzte, der von Anfang an
dabei war, wie einstens die Serie begann.
Dass seine Ireen jetzt Paul heiraten soll,
erfüllt ihn grundsätzlich mit innerem Groll!

Als einziger weiß er es nämlich ganz klar,
dass Paul noch vor Jahren Ireens Bruder war!
„Klappe!", hörte man den Regisseur schrei'n.
„Wer wer ist, das interessiert doch kein Schwein!

Die Serie hat ja sowieso niemand von Anfang an gesehen. Und
wenn, dann ist er selber schuld!"

Natürlich konsumieren die Menschen auch gerne Nachrichten und Magazine. Wer als Redakteur an solchen Produkten mitarbeiten will, benötigt ...

JOURNALISTISCHES EINMALEINS

„So, junge Frau! Sie fangen also heute bei uns an!", sagte der Chefredakteur zur Praktikantin. „Ich möchte Ihnen noch ein paar grundsätzliche Regeln ans Herz legen. Zunächst einmal, wir haben einen Herausgeber, und dem sollte die Zeitung, die er erscheinen lässt, auch gefallen!"

„Verstehe …"

„Also, erste Regel: jeder Redakteur muss natürlich schreiben, was er nach gründlicher Recherche für richtig hält, aber Sie werden sehen, dass Sie bald gar nichts mehr schreiben wollen, was Sie nicht sollen. Zweitens: Keine Langeweile aufkommen lassen!"

„Aber die Welt …"

„… ist im Grunde eintönig. Es passieren immer die gleichen Sachen: Katastrophen, Mord und Totschlag, Gaunereien und Skandale, alles ist schon x-mal dagewesen. Deshalb braucht man die richtige Dramaturgie."

„Wie meinen Sie das?"

„Nehmen wir einen Vulkanausbruch. Am ersten Tag berichten Sie davon, dass er stattgefunden hat, am zweiten zeigen Sie die Opfer und Schäden, und am dritten brauchen wir einen betroffenen Österreicher, der beim Ausbruch zwei Meter neben dem Kraterrand gestanden ist."

„Dackel Waldis Instinkt rettet Urlauberfamilie!"

„So in der Art. Und was machen wir am vierten Tag?"

„Keine Ahnung ...“

„Wir suchen nach einem Schuldigen!“

„Für den Vulkanausbruch?“

„Einer ist immer rücktrittsreif! Meistens geht es um Schlamperei oder Korruption. Man hätte ja schon längst etwas gegen die drohende Gefahr unternehmen müssen.“

„Na ja ...“

„Spätestens am fünften Tag muss man ein bisserl Gas geben, damit das Interesse der Leser erhalten bleibt.“

„Das macht man wie?“

„Indem man ihnen klar macht, dass so ein Vulkanausbruch jederzeit und überall passieren kann. Die Leute müssen sich so fürchten, dass sie in der Nacht drei Mal in den Keller gehen und lauschen, ob es nicht schon rumpelt.“

„Und dann?“

„Dann sind zwei Wochen vorbei, und wir brauchen unbedingt ein neues Thema. Weil Vulkane inzwischen kein Schwein mehr interessieren!“

In jedem Büro steht von Zeit zu Zeit ein …

NEUER KOPIERER

„Eine Sekunde, bin gleich bei euch! Ich kopier nur noch den Zettel mit der Tabelle!", rief Herr Reisinger.

„Viel Glück!", antwortete die Direktionsassistentin aus dem Sitzungszimmer, in dem sich schon alle versammelt hatten. „Wir haben seit gestern einen neuen Kopierer!"

Tatsächlich. Dort, wo bisher ein übersichtliches Gerät mit nur zwei Bedienungstasten gestanden war, protzte nun ein mindestens doppelt so großer Kasten mit einem schrillen, färbigen Display.

Reisinger versuchte sich zu orientieren, legte sein Blatt ein und drückte irgendwo darauf.

‚Please identify', antwortete der Kopierer in roter Schrift.

„Sie müssen Ihren Dienstausweis durch den Schlitz ziehen!", rief die Assistentin aus dem Sitzungszimmer heraus und Reisinger spürte einen Anflug von Ärger. Er wollte jetzt nicht fragen, wo sich dieser Schlitz befand und begann zu suchen.

„Rechts über dem Papierfach!"

„Ich sehe es selbst!", antwortete Reisinger, und tatsächlich meldete sich der Kopierer mit einem gelangweilten ‚Please wait'. Nach einer Weile folgte die Meldung ‚User unknown'.

Die Assistentin hatte das vorhergesehen und kam aus dem Sitzungszimmer heraus. „Sie müssen sich die Kopierfunktion auf Ihrem Ausweis erst freischalten lassen!", belehrte sie Herrn Reisinger. „Da, nehmen Sie erst einmal meine Karte."

Diesmal klappte es. Das Gerät ließ sich zu einem ‚Successful' herab und forderte den Benutzer auf, die Sprache zu wählen, in welcher der weitere Dialog stattfinden sollte. Reisinger entschied sich für Suaheli.

Als das Gerät nach dem ‚karatasi ukubwa' fragte, gab er intuitiv A4 ein und beantwortete auf diese Weise auch die Fragen nach Helligkeit, Zoomfaktor, Stückzahl, Kragenweite und Schuhgröße.

Endlich setzte sich der Kopierer in Bewegung, druckte jedoch nur ein einziges Blatt. Darauf stand in blasser Schrift: ‚tafadhali refill toner – bittte Toner nachfüllen!'

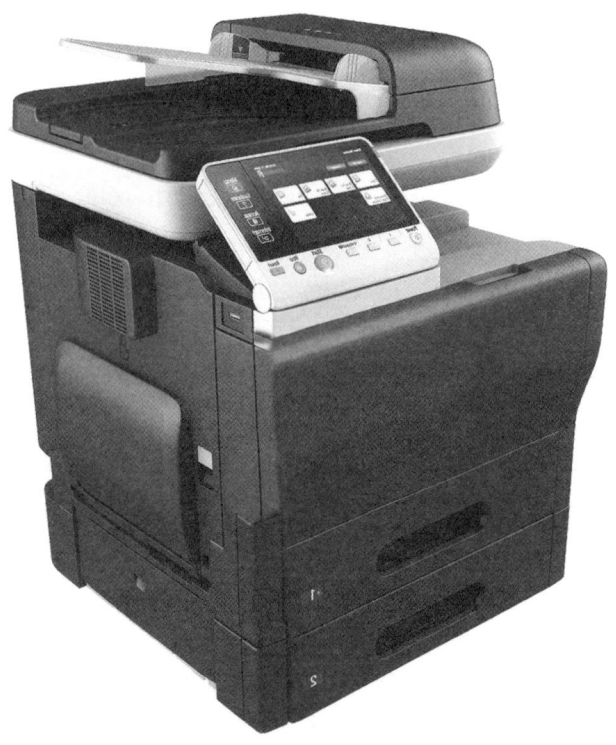

Peinlichkeiten passieren auf allen Gebieten, auch in der Kunst. Unlängst gab es da zum Beispiel ein …

KONZERT FÜR VIOLINE UND FLIEGE

Der Saal war bis auf den letzten Platz ausverkauft, und das Publikum wartete gespannt auf die berühmte Violinistin Maria Sophia in Begleitung ihres Pianisten Ling Pling. Auf dem Programm standen Werke von Mozart, Beethoven und einem zeitgenössischen Komponisten, dessen Namen ich mir nicht gemerkt habe. Kratzinski, …zunski oder so. Und da kamen die zwei Musiker auch schon schwungvoll auf die Bühne, schlugen die Noten auf und begannen.

Wunderschön spielten sie, aber bald gab es etwas, das noch mehr Aufmerksamkeit erregte als Mozarts Musik. Um Ling Pling kreiste eine Fliege. Manchmal setzte sie sich auf den Klavierdeckel, und man dachte schon, sie wäre verschwunden. Aber dann überraschte das Insekt durch weitere kühne Flugfiguren. Es war sich seines großen Auftritts offenbar völlig bewusst.

Wirklich zu erkennen war die Fliege als solche nur bis in die fünfte Reihe, aber auch die Zuschauer weiter hinten merkten bald, dass es irgendein außerplanmäßiges Spektakel gab.

Jetzt hatte die Fliege auch die Geigerin in ihren Kunstflug miteinbezogen. Maria Sophia spielte zunächst unverdrossen weiter, aber dann merkte man, dass sie mit ihrem Bogen manchmal in die Luft stach, was bestimmt nicht in Mozarts Noten stand. Einmal hätte die Künstlerin das Insekt mit einem peitschenden Bogenhieb auch beinahe erwischt, was ihr einen spontanen Zwischenapplaus bescherte und das Konzert deutlich belebte.

Noch spannender waren aber die Momente, in denen die Fliege eine kurze Verschnaufpause machte. Im Publikum begann man dann leise darüber zu diskutieren, wo sie nun gerade wäre, aber sie tauchte stets an einer Stelle wieder auf, die niemand vermutet hatte.

Endlich fasste sich ein Konzertbesucher ein Herz, erkletterte die Bühne und versuchte das Vieh mit seinem Programmheft zu erschlagen. Dabei stieß er Maria Sophias Notenständer um, und dieser landete mit einem schrägen Akkord auf der Tastatur des Klaviers. Die Musiker ließen sich dadurch aber nicht beirren, und da er nichts weiter ausrichten konnte, setzte sich der Konzertbesucher wieder hin.

Die Fliege jedoch saß still auf der Handtasche der Frau Bürgermeister in der ersten Reihe und wartete auf das Beethoven-Violinkonzert. Für's zweite Fis im ersten Satz hatte sie ihren nächsten Auftritt vorgesehen. *Sie* war die einzige im ganzen Saal, die sich wirklich nur auf die Musik konzentrierte.

Am besten beruhigen sich die Gemüter bei einem guten Essen. Na ja, das stimmt auch nicht unbedingt, denn der Herr in der folgenden Geschichte möchte eine, auf der Speisekarte nicht vorgesehene, *kleine* Portion …

SCHWEINSBRATEN MIT KNÖDEL

„Was darf's sein für den Herrn?"

„Das Menü. Den Schweinsbraten. Wie viele Knödel sind denn da dabei?"

„Zwei!"

„Ich möchte bitte nur eines!"

„Das geht leider nicht!"

„Warum?"

„Weil zu einem Menü zwei Knödel gehören!"

„Ich kann aber nur eines essen!"

„Dann lassen Sie's über!"

„Aber wenn ich's Ihnen jetzt schon sag, könnten Sie doch einfach ein Knödel weglassen!"

„Bedaure, das wäre dann ein Kinderteller, und der kostet mehr wie das Menü!"

„Dann bringen's mir halt in Gottes Namen das Menü mit zwei Knödeln und ich frag im Lokal herum, ob jemand das zweite will!"

„Ausgeschlossen, der Weiterverkauf von Knödeln ist nicht erlaubt!"

„Ich würd's ja verschenken!"

„Das geht schon gar nicht! Das wäre ja geschäftsschädigend! Die Gäste sollen sich hier das Essen selbst bestellen und nicht schenken lassen!"

„Dann schick ich's dem Koch retour!"

„Was macht denn der mit einem gebrauchten Knödel?"

„Es wäre ja nicht gebraucht, wenn er sich's gleich behalten würde!"

„Aber wo kämen wir hin, wenn jeder Gast irgendwelche Extrawürstel wollte?"

„Ich will ja keine Würstel, sondern einfach *kein* zweites Knödel!"

„Das ist schade!"

„Was?"

„Dass Sie keine Würstel wollen! Das Menü ist nämlich aus!"

Manchmal mache ich mir wegen einer Kleinigkeit unnötige Gedanken. Unlängst war's wegen einem Taxi mit der Aufschrift …

TAXILENKER(IN) GESUCHT!

Als ich das Taxi sah, begann ich unwillkürlich zu überlegen. Wenn da stand *Taxilenker(in) gesucht!*, wer war dann die Frau, die am Steuer saß? Brauchte sie noch einen Copiloten? Oder hatte sie vom Fahren genug und wünschte sich die baldige Ablöse?

War die Person im Auto vielleicht ein Fahrgast, der nun selbst lenkte, nachdem er im Auto weder eine Fahrerin noch einen Fahrer angetroffen hatte?

Fragen, die mich beschäftigten, während ich dem rätselhaften Taxi folgte. Vielleicht klebte dieses *Taxilenker(in) gesucht!* ja noch von früher da und stammte aus einer Zeit, in der die jetzige Lenkerin noch woanders beschäftigt war. Dann sollte man die Annonce entfernen, denn der hier angepriesene Arbeitsplatz war ja in Wirklichkeit gar nicht mehr frei.

Vielleicht hatte sich aber auch die Frau, die das Taxi gerade lenkte, nicht bewährt, und der Unternehmer, dem das Fahrzeug gehörte, suchte Ersatz. Möglicherweise wusste die aktuelle Taxilenkerin gar nichts davon, dass sie am Heck ihres Fahrzeugs das erste Anzeichen ihrer baldigen Kündigung spazieren führte.

Vielleicht bedeutete die Aufschrift nur, dass Taxilenker(innen) ganz generell gesuchte Leute sind, oder dass die Fahrerin gerade einen Banküberfall begangen hatte und nun gesucht wurde!

Es gibt nur einen Weg, das herauszufinden: Ich werde mich selbst für diese Stelle bewerben und schauen was passiert.

Apropos Auto. Ich bin so ein Typ, der sein altes Auto lieber selbst verkauft, statt es einem Autohändler zu geben. Dabei ist das wirklich unsinnig, denn ich habe überhaupt kein ...

VERHANDLUNGSGESCHICK

„Also, gefällt Ihnen mein Auto? Nur, ich sag's gleich, über den Preis möchte ich nicht verhandeln. Die 4.000 Euro sind absolut fix. Entweder Sie nehmen den Wagen um diesen Betrag oder nicht!

Und wenn Sie mir damit kommen, dass er schon so viele Kilometer drauf hat, werde ich Ihnen knallhart antworten: 3.500 Euro und keinen Cent weniger. Wo käme ich da hin, wenn ich zum Beispiel wegen der paar kleinen Beulen da vorne auf 3.000 runterginge?

Da sag ich doch lieber gleich 2.500 in Hinblick darauf, dass die Reifen total abgefahren sind. Das spielt aber überhaupt keine Rolle, weil Sie für dieses Auto sowieso kein Pickerl mehr bekommen. Das soll aber nicht heißen, dass ich meinen Wagen um weniger als 2.000 Euro hergebe.

Was anderes wär's, wenn Sie wüssten, dass die Lichtmaschine kaputt ist. In diesem Fall würd ich mich schweren Herzens mit 1.500 Euro zufrieden geben.

Aber nehmen wir einmal an, Sie hätten auch die Ölflecken unter dem Motor bemerkt, dann wären wir schon bei 1.000 Euro angelangt.

Nein und nochmals nein! Da könnte ich das Auto ja gleich herschenken. Also bitte, er gehört Ihnen! Verschwinden Sie damit, sonst leg ich noch was drauf!"

Zum Schluss muss ich Ihnen noch schnell eine Geschichte erzählen. Es geht um die ... was wollte ich sagen? Ja, ich weiß schon wieder, die ...

VERGESSLICHKEIT

„Was kann ich für Sie tun?", fragte der Arzt den Patienten.

„Hm, keine Ahnung. Vorhin im Wartezimmer hab ich's noch gewusst!"

„Dann ist es vielleicht Ihre Vergesslichkeit, die Ihnen Sorgen macht!"

„Richtig! Wie kommen Sie drauf?"

„Das macht halt meine langjährige ärztliche Erfahrung! Sie können sich ja gar nicht vorstellen, mit welch unterschiedlichen Fällen man täglich konfrontiert wird. Also, wie äußert sich denn ihre ... "

„Meine Dings?"

„Ihre Vergesslichkeit. Ist die immer gleich oder einmal mehr und einmal weniger?"

„Wenn ich daran denke, ist es schlimmer. Zum Glück vergesse ich sie meistens!"

„Ihre ...?"

„Meine Vergesslichkeit! Ich muss mir alles aufschreiben! Aber wenn ich dann den Zettel lese, weiß ich oft gar nicht mehr, was ich mit meiner Notiz gemeint habe, abgesehen davon, dass ich den Zettel gar nicht erst finde."

„Immerhin wissen Sie ja, dass Sie ihn geschrieben haben!"

„Wen?"

„Den Zettel … wegen Ihrer Vergesslichkeit! Aber bitte, ich mach das ja auch so wie Sie! Da auf dem Schreibtisch sind zum Beispiel meine Notizen für den heutigen Tag!"

„Was steht denn so alles drauf?"

„Ganz banale Dinge. Zum Beispiel, dass ich heute für zuhause noch zwei Liter Milch und ein Suppengrün besorgen muss …"

„Und?"

„… also, dass meine Ordination heute wegen Urlaubs geschlossen ist. Das hab ich ganz vergessen!"

„Und was bedeutet das für mich?"

„Ich hätte Sie gar nicht reinlassen dürfen. Was immer Ihnen fehlt, Sie müssen am Montag um neun Uhr wiederkommen!"

„Das merk ich mir nie!"

„Ich mir auch nicht!"

Ordination heute glaube ich geschlossen!

DIESE GESCHICHTE WIRD IHNEN BESONDERS GEFALLEN, WENN SIE …

KENNEN SIE SCHON MEINE ANDEREN BÜCHER?

Der Bestseller „Engel 1" – schon in der 7. Auflage!

Peter Meissner

Auch Engel lachen gerne!

64 heitere Weihnachtsgeschichten zum Vor- und Selberlesen

ISBN: 978-3-902447-17-3

**Erhältlich im Buchhandel oder direkt beim
Kral-Verlag (www.kral-verlag.at)**

So alt kann man gar nicht sein, dass einen der erste Schnee des Winters nicht tief in der Seele berühren würde. Da steht man dann und beobachtet still und andächtig …

DIE SCHNEEFLOCKE

Die Flocke fällt vom Himmelsgrau
und tänzelt über'm See genau.
Wer dort hineinfällt ist verlor'n,
der See ist noch nicht zugefror'n!
Doch treibt der Wind sie gegen West,
was sie sich gern gefallen läßt,
denn nun schwebt unsre Flocke grad
dem Kirchturm zu in dieser Stadt!
Vorbei, sie wirbelt niedrig schon
über dem Parkhaus aus Beton;
so hat sie sich's nicht vorgestellt,
dass sie hier auf die Straße fällt!
Doch knapp über dem Matsch und Dreck
bläst sie der Wind jetzt nochmals weg;
sie steigt erneut ganz in die Höh'
und landet schließlich, wie ich seh
dem alten Schulrat seiner Frau
so auf der Nase, ganz genau!
Die Flocke schmilzt und ist dahin,
und doch hatte ihr Leben Sinn:
sie hat Frau Schulrat still und sacht
ganz kurz zum Lächeln heut gebracht!

Der Bestseller „Engel 2" – schon in der 5. Auflage!

Peter Meissner

Auch Engel lachen gerne weiter!

Neue heitere **Weihnachtsgeschichten** zum Vor- und Selberlesen

ISBN: 978-3-902447-66-1

Erhältlich im Buchhandel oder direkt beim Kral-Verlag (www.kral-verlag.at)

Es ist manchmal wirklich rührend, wenn Männer ihren Frauen etwas Schönes schenken wollen. Mehr als irgendwelche einfallslosen …

GUTSCHEINMÜNZEN

„Guten Tag! Ich suche ein Weihnachtsgeschenk für meine Frau!"

„Gutscheinmünzen?"

„Sicher nicht! Das ist doch völlig unpersönlich!"

„Sie haben halt den Vorteil, dass sich Ihre Frau dann ihr Geschenk in aller Ruhe selbst aussuchen kann!"

„Tut mir leid, ich finde es furchtbar, wenn sich ein Mann nicht die Mühe macht, selbst etwas Passendes zu finden!"

„Na gut, woran hätten Sie dann gedacht?"

„Was gibt's denn für Möglichkeiten?"

„Wir führen Dessous, Nachthemden, Mieder, Strümpfe …"

„Ein Nachthemd ist gut! Haben Sie auch so schön bestickte Dinger aus Seide?"

„Natürlich! Was hat denn Ihre Frau für eine Größe?"

„Tja, vielleicht ein Meter fünfundsechzig!"

„Mich würde eher die Kleidergröße interessieren …"

„Ach so, ja, keine Ahnung. Meine Frau hat ungefähr dieselbe Figur wie Sie. Nur anders. Ich glaube, sie hat einmal etwas von 75 gesagt …"

„Das kann aber nur die BH-Größe sein!"

„Dann nehme ich halt einen BH!"

„In diesem Fall müsste ich noch die Körbchengröße wissen!

„Körbchen?"

„Die gibt man mit Buchstaben an!"

„Was sagen Sie zu K?"

„K ist unmöglich! Da wäre Ihre Frau ein biologisches Wunder!"

„Das ist sie auch! Deshalb möchte ich ihr ja was Schönes schenken!"

„Wie wär's mit einem tollen Negligé? Da ist die Größe nicht so problematisch!"

„Eine wunderbare Idee! Wie schaut denn so was aus?"

„Schau'n Sie, dieses Modell in der Auslage gibt's in einem bezaubernden Weiß, einem verführerischen Rosa und einem verträumten Blau!"

„Das ist aber schwer zu entscheiden!"

„Was hat denn Ihre Frau für eine Haarfarbe?"

„Ja, also, die Haare sind blond, das heißt, sie spielen auch manchmal ins Dunkelbrünette ..."

„Und die Augen? Was ist sie für ein Typ?"

„Ihre Augenfarbe ist ... Hören Sie zu: Sie geben mir jetzt eine Schachtel Gutscheinmünzen, und wir reden nicht mehr darüber!"

Der Bestseller „Engel 3" – schon in der 3. Auflage!

Erhältlich im Buchhandel oder direkt beim Kral-Verlag (www.kral-verlag.at)

Kinder haben die Eigenschaft, auch die selbstverständlichsten Dinge des Lebens zu hinterfragen. So lange, bis man als Erwachsener erkennen muss, dass diese gar nicht so selbstverständlich sind. Betrachten wir zum Beispiel einige …

FRAGEN ZUM CHRISTKIND

„Papa, wie war das jetzt? Der Jesus ist also am 24. Dezember geboren worden …"

„So ganz genau weiß man das heute nicht mehr, aber am Heiligen Abend feiern wir jedenfalls seinen Geburtstag!"

Das Kind überlegte, und der Vater dachte: ‚Schön, dass die Kleinen das Weihnachtsfest noch so naiv und unbefangen erleben.'

„Aber Papa, wenn das Christkind gerade erst geboren worden ist, wie kann es dann schon die Geschenke bringen?"

„Weil es eben alles kann!"

„Und wer ist dann das Christkind, das man überall im Fernsehen, auf den Plakaten und in den Kinderbüchern sieht? Mit dem weißen Kleid und den langen blonden Haaren?"

„Na ja, das ist halt das Christkind, wie es schon ein bisserl älter war!"

„Aber der Jesus war ja ein Bub! Der hat doch in dem Alter bestimmt nicht ausgeschaut wie ein Mädchen!"

„Sondern wie?"

„Na, so wie kleine Buben eben sind! Die haben aufgeschlagene Knie vom Radfahren, schwarze Fingernägel und garantiert keine Flügel!"

„Die Flügel haben sich die Menschen wahrscheinlich auch nur

ausgedacht, weil das Christkind im Himmel wohnt!"

„Damit kommen wir auch schon zum nächsten Problem …"

„Du solltest jetzt schlafen gehen!", sagte der Vater.

„Wo im Himmel sollte denn das sein? Da sind jetzt schon so viele Astronauten herumgeflogen, und keiner hat erzählt, dass er das Christkind gesehen hätte oder auch nur einen einzigen Engel!"

„Kind …! Für Menschen sind die himmlischen Wesen eben unsichtbar!"

„Und wie macht es das Christkind dann, wenn es für die Kinder die Geschenke besorgt? Geht es da in die Geschäfte und sagt: Grüß Gott, Sie können mich zwar nicht sehen und ich hab auch kein Geld, aber legen Sie die Sachen für die Kinder einfach da auf den Ladentisch …?"

„Das ist halt wie vieles andere auch ein Geheimnis!"

„Papa, weißt du, das finde ich so lieb an euch Erwachsenen, dass ihr Weihnachten so naiv und unbefangen erleben könnt!"

ISBN: 978-3-902447-22-7

**Erhältlich im Buchhandel oder direkt beim
Kral-Verlag (www.kral-verlag.at)**

Manche Erzählungen geben ihre Pointe, wenn sie überhaupt eine haben, erst in der letzten Zeile preis. Bei anderen zeichnet sich das Ende schon früher ab, wie hier in dieser Geschichte vom ...

HOSEN KÜRZEN

„Da schau her, Mausi, was ich mir gerade gekauft hab!", rief Herr Munzinger zu seiner Frau. „A neue Hosen! Damit ich morgen auf der Hochzeit was gleich schau! Nur eine Bitte hätt ich! Wenn du mir's um genau zehn Zentimeter kürzen könntest, um so viel is mir nämlich z'lang!"

„Das mach ich dir gern, aber nimmer heut! Ich muss nämlich dringend zu einem Treffen vom Elternverein, und ob sich das morgen noch rechtzeitig ausgeht, werd'n ma erst sehn!"

So sprach die Ehefrau und war dahin.

Doch Herr Munzinger wollte das Hosenproblem doch lieber heute noch gelöst sehen und versuchte es bei seiner Tochter. Allerdings – kaum stand er vor ihrer Zimmertür, wurde er von dem Mädchen auch schon über den Haufen gerannt.

„Hab's schon gehört! Zehn Zentimeter! Aber ich muss leider auf eine Geburtstagsparty und bin jetzt schon viel zu spät dran! Ich mach das morgen!", hörte er sie noch rufen.

Herr Munzingr dachte nach. Sich selbst an die Nähmaschine zu setzen, schloss er aus. Damit hatte er schon einmal schlechte Erfahrungen gemacht.

Meine Schwester muss mir helfen, kam ihm der rettende Gedanke. Und da sie im selben Haus einen Stock tiefer wohnte, betrat er kurze Zeit später auch schon ihr Wohnzimmer.

„Morgen ist auch noch ein Tag, liebes Bruderherz!", sagte sie leise, ohne sich vom Fernsehsessel zu erheben. „Heute bin ich leider schon zu müde!"

Herr Munzinger resignierte, hängte die neue Hose in die Garderobe und ging schlafen.

Als seine Frau vom Elternverein etwas früher als geplant nach Hause kam und das Kleidungsstück dort hängen sah, beschloss sie, kurzerhand noch etwas Gutes zu tun. Sie setzte sich an die Nähmaschine, kürzte die Hose um zehn Zentimeter und deponierte sie wieder in der Garderobe.

Herrn Bergers Schwester war zwar tatsächlich sehr müde, fand aber aus irgendeinem Grund trotzdem keinen Schlaf. Also stand sie nochmals auf, schlich ins Vorzimmer ihres Bruders, kürzte die Hose um zehn Zentimeter und hängte sie wieder hin.

Eine Stunde später kam Herrn Munzingers Tochter nach Hause und, um bei ihrem Vater ein paar dringend benötigte Gutpunkte zu sammeln, kürzte sie die Hose fachgerecht um weitere zehn Zentimeter.

Herr Munzinger ging am nächsten Tag wieder mit der alten Hose auf die Hochzeit, denn Bermuda-Shorts wären in der Kirche umpassend gewesen.

ISBN: 978-3-990240-48-9

**Erhältlich im Buchhandel oder direkt beim
Kral-Verlag (www.kral-verlag.at)**

Zufällige Begegnungen auf der Strasse können mitunter recht peinlich werden. Denn aus unerfindlichen Gründen fühlt sich jeder verpflichtet, sofort eine Einladung auszusprechen, mit den schlichten Worten ...

BESUCHEN SIE MICH DOCH

„Ja, Grüß Gott, na das ist schön,
dass wir zwei uns wiedersehn!
Eine Ewigkeit ist's her,
nein, noch länger, bitte sehr,
dass wir so geplaudert hab'n,
mach ma doch was, irgendwann!
Kommen S' mich einmal besuchen,
sonntags bei Kaffee und Kuchen,
gleich am nächsten Wochenend,
weil ich das sehr günstig fänd!
Nein, es geht erst in zwei Wochen?
Da hab ich schon was versprochen.
Wie wär's denn ein Monat später?
Was sag'n Sie, da wird's noch blöder,
weil da gehn Sie dann auf Kur?
Na, dann sag ich eines nur:
In zwei Jahren oder drei
ist bei mir noch alles frei.
Rufen S' mich ganz einfach dann,
wenn Sie Zeit hab'n, einmal an!
Und jetzt, da entschuld'gen S' mich,
ich hab's eilig, fürchterlich!"
Sprach's und seufzt mit einem Stoß:
„So, den Trottel wär ich los!"

ISBN: 978-3-99024-224-7

**Erhältlich im Buchhandel oder direkt beim
Kral-Verlag (www.kral-verlag.at)**

Ich sehe gerade, dass dieses Buch dem Ende zugeht, aber da gibt es noch eine kleine Anekdote, die ich Ihnen unbedingt erzählen möchte. Es geht dabei um fatale ...

NAMENSPROBLEME

„Grüß Sie, Wokacek mein Name, aus'm dritten Stock. Ham Sie sich schon eingelebt in unserem Gemeindebau?"

„Alles in Ordnung. Nur schlafen tu ich da leider ziemlich schlecht!"

„San die Nachbarn so laut?"

„Nein, aber bei mir geht die halbe Nacht die Türglocken!"

„Wieso denn des?"

„Weil die Leut, wenn's unten vor'm Haustor stehn, grundsätzlich erst einmal auf mein Klingelknopf drucken! ... I hab mi no net vorg'stellt: Mein Name ist Licht!"

„Angenehm! Also in dem Fall wahrscheinlich net!"

„Am Anfang hab i immer über die Gegensprechanlag g'rufen: ‚Da is ka Licht!'. Worauf die Leut meistens frech worden san. So in der Art: Reden kannst und leuchten net?"

„Sie sollten halt mit der Frau Kein aus'm ersten Stock a Wohngemeinschaft bilden, da könnten S' dann ‚Kein Licht' ans Glockenschilderl schreiben!"

„Des geht net! I heirat demnächst, und mei zukünftige Frau heißt Schalter. Sie besteht auf an Doppelnamen, und i glaub net, dass sich des Problem dadurch lösen wird!"

Neuigkeiten, Auftrittstermine und Kontaktmöglichkeit gibt's auf meiner Internetseite:

www.petermeissner.at

IMPRESSUM

Texte und Bilder: Peter Meissner

Verleger und Herausgeber:

Kral-Verlag – Kral GmbH (Inh. Robert Ivancich)

Kennedyplatz 2, A-2560 Berndorf

Tel.: 0660- 435 76 04, Email: buch@kral-berndorf.at

www.kral-verlag.at

1. Auflage / Erschienen 2015

ISBN: 978-3-990243-65-7

ISBN: 978-3-99024-088-5

92 Schlagerstars von einst aus der
beliebten Radio NÖ Sendung „Melodie
und Nostalgie". Ihre Karrieren, Plattenauf-
nahmen und Filme, mit vielen Fotos und einer CD zum Erinnern.

**Erhältlich im Buchhandel oder direkt beim
Kral-Verlag (www.kral-verlag.at)**